陌生拜访的艺术

陈德涵◎著

文化发展出版社
Cultural Development Press

图书在版编目（CIP）数据

陌生拜访的艺术／陈德涵著．-- 北京：文化发展出版社，2024.7. --ISBN 978-7-5142-4366-6

Ⅰ. F713.55

中国国家版本馆 CIP 数据核字第 2024AH6194 号

陌生拜访的艺术

著　　者　陈德涵

责任编辑：康梦玥　　　　　　责任校对：侯　娜

责任印制：杨　骏　　　　　　封面设计：末末美书

出版发行：文化发展出版社（北京市翠微路 2 号 邮编：100036）

网　　址：www.wenhuafazhan.com

经　　销：全国新华书店

印　　刷：天津旭非印刷有限公司

开　　本：710mm × 1000mm　1/16

字　　数：189 千字

印　　张：15

版　　次：2024 年 7 月第 1 版

印　　次：2024 年 7 月第 1 次印刷

定　　价：49.80 元

I S B N：978-7-5142-4366-6

◆ 如有印装质量问题，请电话联系：010-82006025

陌生拜访的艺术

前言 PREFACE

在现代社会，人们普遍追求经济上的独立和稳定，希望通过自己的奋斗实现财富的积累和生活品质的提升。

很多人为了寻求自我的职业提升，或者说为了追求财富，选择投身销售这一行业。对于大多数怀揣远大梦想的人而言，销售的确是一个充满了未知和挑战的行业，能够满足年轻人强烈的冒险欲望。此外，销售还是一个能够最大限度激励人成长的“黄金”行业。由于其从业门槛很低，那些缺少资金或者没有任何家庭背景的人也会将其视为追求梦想的“起跑点”。可以说，销售给了这些人追求梦想、实现梦想的机会。但是，那些没有销售经验、缺少资金优势和背景优势的人，他们在从事销售行业后的一定时期内往往会遇到很多困难。最显著的问题是他们在销售中付出了很多努力，最终却没有或只取得很少的成绩，并因此倍感失落，那么，这究竟是为什么呢？

其实，很多销售员在没有取得成绩的时候都会抱怨："真倒霉，每天起早贪黑地跑业务，结果连一单生意都没有做成。"可是，抱怨又有什么用呢？尽管销售工作存在诸多困难，可是仍然有许多意志坚定的年轻人坚持了下来。他们是典型的不服输的年轻人，那么他们在销售工作中该如何改善自己的工作方法，进而使自己成为销售行业中的冠军呢？

关于如何成为销售行业中的冠军，很多在这一行业有所收获的销售员都有自己的心得，最重要的一点就是要在自己与客户之间建立信任感，销售员往往辛苦多时也难以赢得客户的尊重、认可，却可能在一瞬间失去一笔即将谈成的生意。

日本著名寿险销售大师原一平曾说过：销售成功其实很简单，就是要最大限度地将自己与客户之间的陌生感消除掉。在他看来，销售人员和客户的关系必然会经历从陌生到熟悉这样一个过程。可以说，任何一个销售人员都要从陌生拜访开始，因为这是取得销售业绩必不可少的关键步骤，陌生拜访做得越好，赢得订单的概率也会越高。很多时候，赢得客户的信任并且促成生意并不难，而拥有一套独具个性的销售法则也不是难题，关键是销售员应该掌握一些陌生销售的技巧和策略，我们出版此书的目的也正在于此：给那些渴望成功的销售员，提供一些具有建设性的指导帮助。无论是一个久经商界的资深销售员，还是刚刚步入销售行业的新人，都能够从本书中获得有益的帮助。

本书从成功实施陌生拜访的角度出发，结合了很多销售冠军的成功案例以及销售经验，从不同角度深入总结出一套行之有效的陌生拜访销售流程和销售技巧。最独特之处是将陌生拜访分为九个步骤，步骤与步骤之间紧密相连，形成统一的整体。这九个步骤分别为：第一步是陌生拜访前的整装待发，也就是拜访前的前期准备；

第二步是确认好拜访对象，并做好心理准备；第三步是与客户进行高效沟通，并为成功促成订单打好坚实的基础；第四步要在销售中进行有效的提问，并掌控好销售的局面；第五步要迎合客户的心理，对其进行适当的赞美；第六步就可以切入主题，将所要推销的物品清楚地告诉给客户；第七步要尽可能多地将客户内心对产品或服务的疑惑排除掉；第八步达成意向要注重细节，以便顺利签订订单；第九步就是要注重后期服务的维系，因为后期维系不得当会给销售带来负面影响。

本书最大的特点就是通俗易懂，每一个目前从事销售的人员都能够将书中的销售法则灵活地应用到自己的销售实践中。我们有理由相信，销售员们凭着自己对这一行业的热爱以及自身拥有的韧劲，一定会克服陌生拜访中遇到的种种困难，深刻领会到陌生拜访中的艺术，并能够成为下一个销售冠军。

本书在编撰过程中得到了王彦、刘淑霞、陈伟伟、李营等人的大力支持和帮助，他们在帮助查阅大量资料的同时，还对书稿提出很多建设性的意见，在此向他们致以最诚挚的感谢。

陌生拜访的艺术

目录

CONTENTS

第一步 整装待发

——敲门砖做得好不好，取决于前期准备得够不够

第二步 确定拜访——做你最恐惧的事

第三步 高效沟通——通向成功的快车道

第四步 有效提问 ——提问最大的好处就是你在控制局面

第五步 适度赞美 ——记住：赞美是最好的沟通方式

第六步 切入主题

——把简单的陈述变为客户明确知道的答案

第七步 排除异议

——将异议看成是成交前的“暴风骤雨”

第八步 达成意向——成功就在一瞬间，紧握手中的筹码

第九步 后期维系——细节与全局是对孪生兄弟

第一步

整装待发

——敲门砖做得好不好，取决于前期准备得够不够

每一个销售人员开发客户都是从陌生人开始的。在开发客户的过程中，第一次拜访很重要，因为给客户留下的第一印象，会成为客户评判销售人员的最主要依据。客户会在与销售人员的第一次见面中，通过销售人员的各种表现来对其进行主观定性，并因此影响到客户对公司和产品的印象。这种主观印象形成后将很难改变，在很大程度上也会对最终是否达成交易产生决定性影响。一旦销售人员给客户留下了第一印象，再想去改变这一印象需要花费很长的时间及精力，甚至很多时候，销售人员根本就没有机会弥补，因为很多客户如果对销售人员的第一印象不好，会直接拒绝销售人员的再次拜访。所以在销售人员对客户的陌生拜访中，给客户的第一印象很重要，任何细节的疏忽都有可能使客户产生抵触情绪，并影响着销售能否取得成功。那么，当销售人员整装待发准备开始自己的“陌生拜访之旅”时，该如何抛出这块“敲门砖”呢？

1. 客户需求是最重要的销售条件

事前做好准备是一种成熟的行为习惯。早在《礼记·中庸》中就有“凡事预则立，不预则废”的古训，而未雨绸缪、有备无患等成语，也是用来告诉人们准备工作的重要性。“机会总是留给有准备的人”，这句话作为名言在全世界广泛流传。被誉为 20 世纪最伟大的心灵导师和成功学大师的卡耐基说过：“不为明天做准备的人永远不会有未来。”可想而知，做任何事情之前是否做好充分准备将决定着你最终能否取得成功。尤其是销售人员在进行陌生拜访前，更应该做好充分的准备。

有专家曾说过：“客户需求是最重要的销售条件。”如果你要去拜访的客户根本没有这方面的需求，那么就算产品再好、销售人员的销售技巧再高，也可能会没有用武之地。由于客户在没有需求的情况下会对销售人员的拜访产生强烈的排斥心理，所以销售人员的销售技巧和产品的市场优势在销售过程中被淡化了。很多人甚至在销售人员的介绍还没有开始之前就拒绝拜访，这无疑会给销售人员的销售积极性带来沉重的打击，影响他们进行下一步的销售。因为销售人员的销售动力最终来源就是客户有成交希望，如果这些客户在没有需求的情况下对销售人员的拜访进行阻止，就会给他们一种强烈的心理暗示，销售人员认为与这个客户达成交易的成功率就会很小，再谈下去也是浪费时间。在这种心理暗示下，销售人员很可能会仓促结束拜访，这也标志着这一次的拜访失败了。

每一个销售人员在进行产品销售时，都会面临一个庞大的客户群体，这个客户群体从某种意义上来说是无限大的，因为理论上其中的每一个人都有可能成为销售人员的客户，但是在现实中却并不是这样。每个销售人员的时间和精力都是有限的，要想在有限的时间内开发和培养客户，就应该从客户群体当中快速挖掘出那些潜在客户，并从中筛选出自己最需要的准客户。要想准确定位好客户群体，销售人员就必须事先对推销的产品进行充分的了解，对产品最可能覆盖的受众人群进行分析和预判。从茫茫人海中事先圈定好一个潜在客户群，然后再对这些人进行拜访。这些准客户在自身有需要的情况下，经过销售人员的说服和引导很容易成为实际客户，只有基于这种情况下的陌生拜访才是有价值的。

怎样去寻找最容易被说服、最有希望购买产品的目标客户，这是每一个销售人员在拜访客户前最重要的准备工作。人们在现实中经常会看到，有的销售人员每天优哉游哉地见几个客户就业绩斐然，而有的销售人员每天起早贪黑累死累活地跑客户却鲜有回报，造成这种现象的原因其实就是销售人员在对目标客户的选择上出现了问题。

寻找目标客户的方法有很多，比如最常用也是最初级的方法就是普遍寻找法，也就是我们平常所说的“扫楼”和“扫街”，在一定的区域市场内，针对特定的客户群体，逐一对该区域内的组织、家庭和个人进行地毯式的拜访，西方国家也将它称之为“door to door”。用这种方式来确定目标客户，每一个潜在的客户都不会被遗漏，信息量大、各种意见和需求、客户反应都可能收集到，但它的致命缺点就是机会成本太高了，需要耗费大量的时间和精力，也很容易引起客户的反感。比如，我们在一个楼道里挨家挨户去拜访客户，如果有一个客户拒绝我们的拜访，而他的话被其他的邻居听到了，这就可能使他们也做出同样的举动，从而使我们在这个楼层的拜访工作完全失败。同时，这也会打击销售人员的信心和继续拜访的动力，对后期的拜访工作产生不利影响，因此这种缺乏针对性的拉网式拜访应当尽量少用。

其次是利用广告来寻找客户，这种方式一般是由公司出面的。主要是通过在媒体上播放广告，然后等待信息反馈。比如说，卖减肥药的公司可能会在当地的电视上请一位专家来讲解一些减肥的方法，并留下一个上门接受咨询的地址，接到反馈后再把这些上门咨询的客户作为目标客户分配给销售人员去进行拜访。这种方法的优点是传播的速度快，覆盖的受众人群多，而且可以重复使用，因而省时省力，缺点就是要花费一定的广告费用。一些资金规模较小的公司不适合这种方式，此外，这种方式的信息反馈速度也比较慢。事实上，这也是一种广撒网的方式，只不过是用广告代替了人工，把这些有信息反馈的群体作为目标客户显然会增加成功的概率。

再次就是通过社会中各种人脉关系介绍的方式来寻找目标客户。当今社会，人脉是一种资源，也是巨大的财富。销售人员在寻找目标客户时要充分利用自己的人脉资源，通过他们的直接介绍或者提供的信息去找到客户，这些人脉关系可以是销售人员的熟人、朋友，也可以通过企业的商业伙伴和客户介绍。在对这些有人脉关系介绍的客户进行拜访时，虽然也是陌生拜访，却要比一般的陌生拜访客户好得多，因为这些客户在我们拜访前通过熟人的介绍已经对我们有了大致的了解。在这个基础上，我们的拜访就会顺利得多，尤其是那些已经使用过我们产品的客户的口碑效应，将在很大程度上帮助我们拿下这些新客户。由于有他人的介绍或者以成功案例为依据，成功的可能性非常大，同时也可以降低销售成本，因此销售人员要格外重视和珍惜这样的机会。当然，如何在工作和生活中积累人脉也是每个销售人员需要学习和努力的，就像销售领域最经典的一句话：做销售的同时也是做人。学会做一个被人认可、受人欢迎的人不仅可以帮助我们积累人脉，还可以通过这些人脉寻找到优质客户，这也是一个销售人员做好销售的重要前提。

最后，查找资料也是最常用的寻找客户的方法之一。随着信息渠道的不断丰富，我们可以通过各种资料来寻找目标客户。在网络没有普及的时候，很多销售人员在寻找企业客户时都有过抄黄页的经历。如今，网络上有各个公司的官方网站、五花八门的排行榜、各种生活网的个人买卖信息等等，都可以成为我们寻找客户的资料。当然，虽然这些客户资源已经具有一定的针对性了，但它的信息量还是十分庞大的，这就要求销售人员具备较强的信息处理能力，通过对客户资料的查阅寻找客户，这样既能保证一定的可靠性，也减小了工作量，提高了工作效率，同时也可以最大限度地减少业务工作的盲目性和客户的抵触情绪。更为重要的是，这样可以针对客户的一些特点、状况进行前期的客户研究，并准备好相应的销售策略以提高成功的概率。

此外，销售人员可以用有偿委托的方式与一些拥有客户信息资源的机构或者个人进行合作，让对方代为收集客户和市场的相关信息，也可以直接把任务交给新来的销售人员，这样既可以节省自己的时间，又可以对那些新进入销售行业的人员起到锻炼的目的。像一些与产品相关的论坛、企业的交流会、高峰论坛等，都可以成为我们寻找客户的来源。这就需要销售人员有敏锐的嗅觉和分析研判的能力，进而寻找到大量和优质的客户资源。

一个优秀的销售人员所具备的能力之一就是能够寻找到优质的客户，也只有找到有需求、有消费能力的客户，对客户的拜访才不是盲目和无效的。在现实生活中，有些客户虽然有需求，但是却找不到合适的机会买到合适的产品。其中的一部分人有强烈的需求，但呈现在他们面前的同类产品太多了，一时让他们拿不定主意，如果你能及时出现在他们面前，给他们“最后一击”，他们将立马“缴械投降”，成为你的“俘虏”。也就是说，这些人在你找到他之前都处于即将购买的临界状态，但是如果没有你给他们施加的这个外力，他们可能会一直处于这种状态。另外一部分人则是想要购买这种产品，但苦于不懂门道，也没有便利的渠道来获得产品，那么你的到来正好给他们提供了一个契机，因此他们很快就能和你达成交易。这些客户都可以看作是需要我们的人，也就是销售领域里常说的“恩客”。当然，随着社会信息化的程度越来越高，这种“恩客”也越来越少了。不过在现实生活中，这种客户资源永远不会完全消失，只要做好准备工作，每个人都有可能碰到这些“恩客”，这也是为什么很多销售新手连产品都还没介绍完，产品就被客户买下的原因。因此，哪怕你的销售技巧再差，只要能寻找到优质客户，你也能比那些有良好销售技巧却在“劣质客户”中施展的销售人员要成功得多。

2 陌生拜访前应该注重的细节训练

俗话说“细节决定成败”。这一点在销售人员初次拜访客户时体现得尤为明显。在确定好潜在客户并准备去拜访时，销售人员应该充分注意到自己的各个细节。因为在拜访陌生客户时，客户对销售人员和产品都比较陌生，而他们也明白销售人员的拜访目的就是“从他们的口袋里掏钱”。这时，他们的防范心理是最强的，他们会用十分挑剔的眼光来看待销售人员的穿戴和言行举止，因此销售人员在他们面前表现出的各种细小问题都会被放大，甚至被当作拒绝购买的理由。而销售人员在对这些客户进行拜访时，如果某一细节成为客户心目中的闪光点，就会成为客户同意签单的理由。因此，很多销售公司为了树立企业的形象，打造企业的文化，除了对销售人员进行销售技巧的培训，还会对销售人员进行礼仪培训，甚至是服装的挑选和搭配技巧方面的培训，以求销售人员在客户面前表现出最完美的一面，从而提高签单成功的概率。

中国是一个文明古国，礼仪在人们心目中占据着重要的位置，懂礼貌也被看作是有教养的表现，会大大增加他人的认可度。所以，在对客户进行拜访时，规范的商务礼仪也同样重要。比如说，销售人员在拜访客户时，应先轻轻敲门，不管客户的家门或者办公室的门是否关上，在得到客户的同意后再进去。一般情况下，如果客户没有特别要求，最好保持门的原来状态，即如果门本来是开着的，进去之后不要自作主张将门关上；门如果先前是关着的，在进去之后要将门关上，并且在关门时不能将后背对着客户。之后，简单做自我介绍的同时双手递上名片，在客户同意后落座，开始说明来意并介绍产品。这些都是最常用最基本的商务礼仪，也是很多公司对销售人员进行入职培训时必备的培训科目。销售人员在拜访客户之前应该事先进行训练，使商务礼仪成为自身的一种习惯，在拜访客户前仍要在脑海里过一遍，以免在紧张情绪的影响下出现失误，确保在拜访客户时不让客户挑出毛病。

另外，为了能够拉近和客户之间的距离，销售人员应该在语言上进行细节性的处理。中国有句古话叫作“物以类聚，人以群分”。人们总喜欢和自己特质比较相近的人进行交流。比方说，销售人员需要拜访一个从事文艺工作的客户，那么应该学会用比较书面化的语言来和他交流。如果销售人员平时讲话是比较通俗的，就应该事前进行语言训练，把话说得更书面化、更有文采一些，以便客户更容易接受。而在拜访那些文化程度不高、比较随和的客户时，如果销售人员的语言太过书面化，可能会让客户觉得销售人员说话太虚，从而影响客户对销售人员的印象。另外，销售人员在穿着上也应该进行细节处理。假如销售人员要去拜访的是一位从事时尚设计工作的客户，那么销售人员在拜访客户时也应该穿得时尚一点。如果穿得太过正式或者服饰搭配不合理，就会让客户觉得销售人员太没有品位了，降低与销售人员交流的兴趣。

握手礼是商务交流中最常用的礼仪之一，这种礼仪虽然在日常交流中经常被使用，但要真正做到规范需要注意很多细节。首先就是伸手的前后顺序，在日常的握手礼仪中，我们一般遵循“尊者优先”的原则，即客户先出手、长者先出手、职位高者先出手。作为销售人员，一般在客户没有伸手之前，自己最好不要主动伸手，以免引起不必要的尴尬。

另外，在对方伸手时，销售人员也应该注意一些细节，比如说不能戴墨镜、手套，与异性握手时不能双手去握。握手时还要按照一定的方式和方法进行，比如说一定要用右手握手，这可能只是人类的一种习惯，因为到目前为止大部分人习惯使用右手，右手使用起来也更灵活，在握手的时候给人的感觉也更自然一些。当双方的手握在一起后，要紧握对方的手，时间一般以一至三秒为宜。主要还是根据场合来确定，比方说对方如果是异性的话，握手的时间就应该稍短，也有长时间握手显示友好关系的，比如说两国领导人之间的握手，时间一般较长。作为销售人员，只要按照常规的握手礼仪来进行就可以了。当然，手握得太紧，或只用手指部分漫不经心地接触对方的手都是不礼貌的。自我介绍完之后，销售人员最好不要立即主动伸手。作为销售人员，不管年龄大小，都不宜主动伸手。原因其实很简单，那就是顾客是上帝。如果销售人员伸出手之后，客户只是以点头作为回应就会造成尴尬的局面。再者，男销售员与女客户握手时，一般只宜轻轻握女士的手指部位。握手时双目应注视对方，微笑致意或问好，在与多人同时握手时应按顺序进行，一般按职务的大小顺序来，切忌交叉握手，这在我们中国是需要重点关注的问题。尤其是把一些决策领导的顺序搞错了，可能会给销售能否成功带来致命的影响。

在通常情况下，销售人员与客户的交谈大部分是在座位上完成的。因此，落座后的礼仪是非常重要的，也最容易出差错。因为在落座时，人的精神都比较放松，也容易出现不规范或者不礼貌的行为，因此在销售人员去拜访客户前要特别注意进行训练。另外在得到客户同意落座的表示后，销售人员才可以落座，而且落座时要注意坐姿，即落座时要轻盈、缓慢且稳重，坐在椅子上，要立腰、挺胸，上身自然挺直，显得稳重大方。在关于坐姿的礼仪规范中有很多细微的要求，这些要求不需刻意遵守，无伤大雅即可。当然，销售人员也要根据客户的实际情况而定。如果客户是一个很职业化的人，销售人员就要尽量做到坐姿的规范，以免引起客户的反感；如果客户是一个很随意、不注重礼仪的人，销售人员就可以稍微随意一点，以免让交谈气氛变得太紧张。坐姿应端正但不僵硬。不要用手托腮或双臂肘放在桌上，也不要随意摆弄餐具和餐巾，更要避免一些不合礼仪的举止体态，例如：随意脱下上衣、摘掉领带、卷起衣袖；说话时比比画画或挪动座椅；头枕椅背打哈欠、伸懒腰、揉眼睛、搔头皮等，这些都可能会引起客户的反感。在客户讲话时，销售人员的身体要微微前倾，让客户感觉到你在倾听他的意见，这样会显出你对客户的尊重。

在对客户的称呼上也有很多需要注意的细节，中国是一个文明古国，汉语经过数千年的传承和发展而博大精深，光是在称呼上就有很深的学问。对客户进行拜访时，在知道对方的行政职务或技术职称的情况下，应尽量称呼别人的职务或职称。比如："张经理，您好""赵处长，您好""王总，您好""李教授，您好"等，这样会让对方感觉到你十分尊敬他。

如果不知道对方的头衔，那么就用时尚性的称呼，如先生、小姐、女士等。另外，由于风俗习惯和语言文化的差异，一些称呼在某些地方是比较忌讳的。比如说"小姐"这个称呼，在南方是对女性的一种最常用的称呼，而在北方的一些地区却很忌讳这个称呼，尤其是年龄稍大的女性。所以，销售人员在对客户进行拜访时应该注意这方面的细节，对客户使用合理的称呼。和外商打交道，尤其是和西方人见面时，更习惯称呼对方为先生、女士，虽然西方人不太忌讳别人直呼其名，但是被别人尊称为“先生”感觉也是很好的。另外，西方国家对“小姐”这个称呼也十分忌讳，很多欧洲国家甚至颁布法令来禁止对女性使用这种称呼。

在拜访客户时，各种需要注意的细节之所以需要销售人员进行事前的训练，是因为这些都是销售人员平时不太注意但又容易出现失误的地方，这些细微的失误，会在第一次面对客户时被无限放大，并对拜访工作的成败起到重大影响。所以，销售人员在拜访前要做足功课，并进行前期的细节训练，将这些细节做到位，这对销售人员的拜访成功有着重大意义。

3. 机会总是留给有准备的人，学会抓住身边的客户

俗话说“机会总是留给有准备的人”。为了获得良好的销售业绩，销售人员需要拜访大量的客户，通过大浪淘沙式的长期跟踪、多次拜访，才能从中拿下很小的一部分客户。事实上，在茫茫人海中，任何一个人都有可能成为你的客户，关键看你能不能把握住机会，注意留心观察，也许客户就在你身边。理论上任何一个人都有可能成为你的客户，所以与其四处奔波带着很强的目的性去找人，还不如在顺其自然的状态下，用发现的眼睛来寻找你身边的客户。从心理学上讲，这种客户开发起来可能会更容易一些，而且也不需要销售人员花费太多的时间和精力。

张强是一家代理中国电信集团彩铃业务的销售人员，他每天做的客户开发方式就是从各种媒体报纸或者黄页上寻找客户的信息，然后用电话提前预约，待客户同意后再上门拜访。当然，如果没有好的客户资源，销售人员也会选择用“扫街”和“扫楼”的方式来

开发客户。这天，张强也决定去“扫街”开发客户。张强的公司在三楼，当他下到二楼的时候，从附近传来吉他和其他几种乐器的声音。原来，二楼是一家琴行，可能里面的人正在排练。琴行不大也不小，张强和同事每天都要从这里经过好几次，但从来没有想过把它也当成客户来开发。这一天张强不知道为何灵感突至，他决定去碰碰运气，于是张强敲开了门，很礼貌地问老板在不在，找到老板之后，张强向老板介绍了公司的业务，希望老板能购买由公司提供的集团彩铃。他知道搞音乐的人往往对时尚和潮流比较感兴趣，于是他对老板说：“集团彩铃实际上就是一种通话前的个性化语音宣传和介绍。我们在看韩国电视剧的时候经常会听到电话里出现通话前的机主语音，这就是一种个性化的表现，这也是彩铃未来的发展趋势，而且一些宣传性的语言在彩铃中播放要比你自己说出来效果好得多。”张强还向老板开玩笑说，“我们是邻居，希望您能给我们捧捧场啊！”因为这家琴行的名字叫舞指琴行，所以张强也为琴行想好了广告词：“用指尖舞动旋律，用音乐点燃你的生活”。张强的行动打动了老板，老板很快决定购买这条彩铃。拿到订单的张强惊喜不已，之后他又开发了一楼的网吧和公司对面的灯具店，而且这两个客户都不是张强特意去开发的。网吧是张强周末在上网的时候看到老板来吧台收钱，于是顺便问了问，没想到，竟然成功地说服老板办理了彩铃业务；灯具店是因为公司的一盏灯坏了，老板要张强去对面的灯具店买灯的时候开发的。理由还是彩铃的功能和“我们是邻居哦”这句话。

可以说，这些客户之所以能够开发成功，很大的原因就是双方的心理距离感很小。中国有句古话：“跑得了和尚跑不了庙。”正是这种心理，为销售人员的开发成功带来了很大的便利。在张强开发这些客户时，客户就会想：“跑得了和尚跑不了庙，反正你就在附近，产品有什么问题我直接上你公司找你就行了。”可以说，这种想法普遍存在于这些客户心中，正是因为这种想法，让客户大大降低了对销售人员的戒心，也更容易被销售人员说服。虽然商品买卖是一件很现实的事情，但是它不可避免地受到心理或者感情因素的影响。我们周围的客户容易开发是因为客户更容易对身边的销售人员建立信任。所以说，销售人员在把目光对准外面茫茫人海的同时，也不要忽略潜伏在我们周围的客户，当我们没有处于工作状态时，我们周围也可能出现了潜在客户，如何用发现和探索的眼光来捕捉到这些蛛丝马迹，是销售人员需要学习的地方。如果你不能时刻想到怎样把你的工作融入生活中去，你就可能让这些潜伏在身边的机会溜走。

平安保险公司的王华也分享了他的一次经历：一天，王华去拜访一个客户，闲来无事，便在公交车上和同座的一位男士攀谈起来，他们谈话的内容是国际时事。王华在上学时就很关心国家大事，平时也没少和同事争论。他的观点得到这位男士的赞同，男士告诉他自己是一位中学老师，男士问王华是做什么的，王华开玩笑地让那位男士猜，男士说："看你知识这么渊博，应该是大学老师吧？"王华听了哈哈大笑。下车之前王华要了这位男士的手机号，说以后有机会找他出来玩，男士愉快地答应了。王华在第二次拜访他时就带去了一份保险合同，通过前面的沟通，再加上王华的说服，男士在他那里购买了一份保险。

这种性质的客户也可以算是我们周围的客户，虽然这种偶遇式拜访可能在实际距离上不一定会很近，但是在能够建立感情基础的情况下，这种客户开发起来要比普通的陌生拜访容易得多。首先作为高等动物，人有比普通动物更丰富的情感。就像这种茫茫人海当中的偶遇，只是现实生活当中的"小概率事件"，但在很多人心中，这就是一种难得的缘分。作为一个人文气息浓厚的国度，中国自古以来就有"百年修得同船渡""前世的五百次回眸，换来今生的擦肩而过"等话语来将这些概率事件情感化，让发生这种概率事件的双方很容易产生一种情感纽带，这也能为销售人员开展销售提供良好的机会。另外，销售人员很多时候都是在无意之间开展销售工作的。在这种状态下，销售人员的发挥往往也是最自然、最好的，这更加为销售的成功提供了条件。

因此，销售人员在开发客户时要学会用敏锐的嗅觉发现周围的潜在客户，并为开发这些客户做好准备。也许这些客户并不能成为你销售工作中的主流，毕竟现在的生活节奏越来越快，人和人之间的隔阂也越来越大，但只要销售人员能做到处处留心，不放过任何一个出现在我们身边的、有可能成为客户的人，这份用心终会获得回报。这些客户的开发可以在公交、地铁、公园等任何场所，也可以在下班、放假、拜访客户的途中。可以说，这种客户的开发不需要花费太多的时间和精力，而且这种顺带性的开发首先在沟通的环境方面就要好得多。当你带着销售的目的和客户进行交流时，客户可能还不知道你是做销售的，他们对你的防备心理不会太强，对你各方面的要求也不会那么苛刻。当你和客户熟络到一定程度的时候，你再向客户推销你的产品，那时候客户的排斥感也不会很强，开发起来也会更加容易。只要你留意周围的人群，发现和寻找目标客户，这些客户就能成为你常规销售之外的财富。我们都知道，在销售领域中，平庸的销售人员和销售精英之间的差距并不大，如果你能在做好常规客户开发的基础上，还能“顺手牵羊”拿下一些你周围的客户，那么这些客户足够让你在众多的销售人员中脱颖而出，成为一名销售精英。

4. 为什么说销售高手不打没有准备的仗

一个真正的销售精英之所以能够在销售过程中滔滔不绝，对客户的提问对答如流，一见到客户就能用“共同语言”说出客户感兴趣的话题，并不是因为这个销售人员有多么好的应变能力，多么渊博的知识，而是他们在拜访客户前已经做好了充分的准备。充分的准备能帮助销售人员瞬间让客户“进入我们的范围”，为进行下一次的拜访并最终拿下客户奠定基础。

这种准备主要是针对客户的。在销售人员对客户进行拜访之前，应该对这些客户的相关资料进行详细了解，尤其是一些重点的潜在客户。世界著名销售大师乔·吉拉德曾经说过：“如果我们想让客户买我们的东西，我们就应该尽力去掌握那些对销售有利的客户信息。如果我们对每一个将要去拜访的客户都能在事前花点时间对他们进行了解，为拜访做好充分准备，那么拜访成功将是一件很容易的事。”在拜访前充分了解客户的情况，可以帮助销售人员在拜访中占据主动，对销售工作的顺利开展将起到事半功倍的作用。不管客户是单位还是个人，销售人员最终在拜访时面对的都是人。人虽然是社会性动物，但依然具有一些动物的本性，那就是和一般的动物一样，人也喜欢在自己熟悉的环境中生活。陌生拜访最大的困难就在于客户对销售人员感到陌生而生出的出于自我保护的本能的排斥感。销售人员之所以要做好前期的准备是因为这种准备能够更多地带给客户熟悉的感觉，这会让客户与你产生亲近感，而这种亲近感可以拉近销售人员和客户之间的距离。降低客户对销售人员的排斥，可以为初次拜访的成功和最终完成签单打好基础。

在对客户信息的了解中，销售人员可以从客户的姓名、籍贯、学历、经历（最好是辉煌的经历）、家庭背景、兴趣爱好等方面进行了解。这些都可以帮助销售人员拉近与客户的关系。比如说，如果销售人员知道客户的姓名，一见面就能准确地称呼对方，这样可以增加客户的存在感，让客户认为你对他很尊重。如果你与他正好是同姓，就更好了，你可以幽默地说："很荣幸我和您一个姓，咱们是本家。"这种开场白可以大大提高交谈的亲切气氛，为接下来的销售活动打下基础。了解客户的籍贯后，销售人员可以从谈论客户家乡的风土人情开始，拉近与客户之间的关系。如果恰好是老乡，老乡情结也可以拉近销售人员与客户之间的关系。如果销售人员事前不做好准备，在拜访时再问客户，既显得有些冒失又会引起客户的猜忌，反而会给接下来的销售工作带来不利影响。

另外，事前做好充分准备，对客户的信息做一定的了解，也能帮助销售人员确定客户是否能成为自己的潜在客户。比方说，有些客户虽然有需求也想购买，但是没有消费能力。在这种情况下，销售人员就要慎重考虑销售的风险了，避免在出售产品后，因不断地催收货款花费自己的时间和精力，甚至因为收不到货款而遭受损失。

在拜访客户时，销售人员应该对拜访的场所进行前期的准备工作。如果客户主动提出了约见的场所，销售人员应遵从客户的意思。如果客户没有明确提出来，销售人员可以根据客户的实际情况提出一些参考意见来让客户选择。比方说，如果销售人员卖的是一些公司团体的公用的产品，那么销售人员可以首先选择去客户的工作地点拜访；如果卖的是私人使用的产品，销售人员就可以去客户的家里拜访；如果工作地点和居住地点都不方便拜访，销售人员就可以约客户在一些社交场合见面，比如说咖啡厅或者高尔夫球场。另外，在拜访的时间安排上也要根据客户的实际情况来安排，在工作场所的拜访不能影响客户的正常工作，去客户家里拜访不要影响客户的休息。

一些销售人员在对一些重要客户进行拜访时，最好能带上些礼物。中国有句古话叫“礼多人不怪”，礼物可以更好地帮助销售人员赢得客户的好感，为销售人员在陌生拜访时面临的紧张气氛起到缓解的效果。正所谓“拿人东西手短”，客户在接受礼物的情况下会对销售活动多一分耐心和宽容，这无疑会对销售活动的顺利展开提供有利条件。为此，销售人员应该在买礼物之前对客户的兴趣爱好和生活品位进行了解。如果客户是一位书法爱好者，销售人员可以送他一支毛笔；如果客户是一位集邮爱好者，那么可以送几枚邮票；等等，尽量投其所好。因此，用最少的钱买到客户最中意的礼物，也能帮助销售人员赢得客户的好感。

兵法有云“知己知彼，百战不殆”。在拜访客户前，除了对客户的各种信息进行了解，还要对所要推销的产品进行充分的了解。掌握产品的优点和缺点，以便应对客户的提问和质疑。同时，在向客户介绍产品时，注意扬长避短，因为销售活动的目的就是把产品卖出去，客户购买产品归根结底还是对产品有较强的认同。试想，如果销售人员事前只是对如何与客户拉近关系做各种准备，等客户开始愿意听销售人员对产品进行介绍时，销售人员又因为前期工作准备不足，不了解产品的优势，在客户提出问题时一问三不知，即使客户对销售人员个人再认可，也不可能会购买其产品。

在拜访前，加强对产品的了解也可以帮助销售人员缩小客户群体的搜寻范围，找出潜在客户。比如说，通过对产品的了解发现产品的优势是质量好、附加值高，缺点是价格有点贵。这在市场中本身就是一种规律，但在很多客户看来，最符合自己消费习惯的产品才是最好的。有些人生活品位高，收入也高，在他们看来，质量好、附加值高的产品才是好的产品，价格贵一点儿无所谓；有些人不太看重产品的附加值，他们认为产品只要能满足基本的使用需求就行了，其他的无所谓，只要价格便宜就行。因此，销售人员就应该在拜访客户前对产品特性进行充分的了解，根据产品的优势来寻找客户。比如说，产品的最大优势是价格便宜，劣势则是产品的市场知名度不太高，此时就应该寻找那些年龄较大、收入比较低的客户进行拜访。这样一来，就能比较快地找到潜在客户，在他们对产品能够认可的情况下，销售人员的陌生拜访也会顺利得多。

在使用陌生拜访这种销售方式时，没有能力最强的销售人员，只有准备最充分的销售人员。陌生拜访式的销售方式，销售人员在与客户交流时可能会出现很多无法预知的问题，而拜访前做好充分的准备将有助于推销员解决这些问题，并最终为客户购买其产品带来很大的帮助，所以这是每一个优秀的销售人员都应该做到的。

5. 拜访前准备是否充足决定着敲门能否顺利

拜访前的准备充分与否对拜访的效果至关重要。然而，很多业务员却往往忽视了这一点，认为只要在与客户见面后凭借自己的临场发挥就可以完成拜访任务，久而久之就会逐渐养成一种惰性，以致没有对客户的基本信息进行调查了解就去拜访。这样一来，在与客户交流时完全是被动地应付客户，没有主动去寻找客户的突破口，这种陌生拜访的效果自然会比较差。对于陌生拜访，客户的防范心理和挑剔心理是最强的，销售人员的心理也比较紧张，毕竟面对的是陌生人，随时有被拒绝的危险。在这种心理作用下，销售人员很容易出现失误，而这时的失误给客户产生的心理影响也是很大的。因此，对客户进行拜访前做好充分的准备工作，既可以帮助销售人员抓住客户的薄弱环节作为突破口展开有效的拜访工作，又能最大限度地减少销售人员在客户面前出现的失误，为赢得客户的信任奠定基础。那么，在拜访客户前应做好哪些准备呢？

首先，在对客户进行拜访之前应该将客户的资料信息掌握充足。这可以帮助销售人员用客户最容易接受的方式去和客户进行交流。在关键的时候，充足的资料信息可以找到客户的突破口，最快、最有效地击溃客户的心理防线，让客户在最短时间内接纳销售人员。退一步说，即使销售人员对客户的了解仅限于皮毛，也可以在拜访中找到一些话题，以减少尴尬。

其次，除了“知彼”之外，销售人员还要做到“知己”，对产品自身的特点、优缺点、产品的销售政策和销售流程，甚至是行业规范都有深入的了解。在向客户推荐时，应该明白产品的定位是什么，产品的卖点何在，客户购买产品可以得到什么好处等。试想一下，如果产品跟客户没有关系，或者连销售人员也解释不出产品能给客户带来哪些好处，客户又怎么会相信产品的功用呢？你的产品如果没有好处，客户也不可能会购买。

再次，就是公司的销售规则。公司会根据销售人员的销售额来发放一定的提成，比如说 1 万元按 10% 提成，2 万元提成 15% 等等依次递增，提成到 30% 封顶。有时候面临临界值时，客户多出几百块钱就可能让你的提成增加很多。在这种情况下，就应该通过对价格的折扣权利制订既符合销售人员的个人利益，又能让客户感到实惠的销售方案。

最后，在拜访客户之前，销售人员也要为客户可能在第一次就购买产品做好准备，对公司的销售程序进行详细了解。在客户准备购买产品并询问购买程序时，销售人员应该准确流利地告诉客户，从而加深客户的购买欲望，并最终完成交易。如果客户在向销售人员提出购买需求时，销售人员对产品的销售流程不够熟悉，回答起来结结巴巴，客户就会觉得这个推销员的业务不够专业，甚至认为这种产品购买的人少。在心理矛盾最大的时刻，任何的信息不流畅都可能降低客户的购买热情，最终导致客户反悔。

此外，拜访客户前，销售人员要事先认真检查一下公文包，看看相应的销售工具有没有带齐，数量是否充足，这样就能够避免需要时没有的尴尬。比方说，客户在提出购买需求时，销售人员就应该当即拿出合同文本让客户签字确认，为客户最终购买产品形成保障。如果这时忘记带合同文本，可能当下次再拿来时，客户就变卦了，销售人员便会失去这单生意。因此，销售人员在拜访客户前应把相关的物品准备齐全，为实现销售成功做好准备。一旦出现遗漏，不仅耽误时间，还会影响拜访工作的顺利进行。另外，在和客户约好拜访的时间和地点时，销售人员应该提前查看路线行程，并留出充足的时间。在对客户进行第一次拜访时，销售人员一定要守时，早去一点等客户而不能让客户等自己。如果没有安排好时间在路上有些耽搁，会给客户留下不守时的印象，从而影响销售活动的开展。而销售人员的守时会被客户认为这是一种尊重客户和重视这份工作的行为，将给销售员的形象加分不少。

小李是一家公司的销售员，销售的产品是中央空调。在和一个客户通过一次电话后，双方约定在一家咖啡店面谈。小李算好了行程，提前一个小时赶到咖啡店里等着。客户也是个守时的人，他预计开车能提前十分钟赶到，但不幸的是，在离咖啡店仅仅几百米的地方出现交通事故，他被堵在高架桥上。在高架桥上，客户正好可以看到下面的咖啡店和坐在靠窗座位上的小李，之前两人通过一次电话，客户告诉小李已经出发了。在客户被堵在高架桥上后，小李也不好意思催客户，就在那里一直等着。等客户开车到咖啡店门口时，小李已经满脸热情地在门口迎接了，客户对他说：“抱歉，来晚了。”小李笑着说：“没事，我也是刚到不久。”其实，这时候离约定的时间已经过去一个小时了，客户很是感动。随后，在小李介绍完产品的性能后，客户当即和小李签订了购买合同。

从这个案例中可以看出，做好前期的时间安排，拜访时做到守时，对销售人员的拜访成功具有重要的作用。对于很多客户来说，他们的时间观念很强，因此守时也被他们认为是一个销售人员最基本的素质。如果你前期的准备工作做得不够，不能准时到达约定地点，将会给客户留下不好的印象，也很容易造成销售工作的失败。

俗话说得好："佛要金装，人要衣装"。着装打扮是我们给人的最外在、最直接的第一印象。人们观察事物通常是按由表及里的顺序进行的，而行装和仪容就是你将要展示给客户第一印象中的外在感观。一般情况下，客户可能不在意你的外表。但如果你的外在形象引起客户的不悦或反感，接下来的一系列工作就会彻底失去意义。相反，当你刚踏进客户办公室，就在客户抬头看你的那一瞬间，犹如一轮太阳通过客户的眼睛直入其心田，接下来的事情或许就顺理成章了。

值得注意的是，作为一名销售人员，行装和仪容要整洁、大气、利落。有统一工装时必须着工装，在没有统一服装的情况下尽量着西装，没有西装也要讲求整洁，随便但不随意。夏季穿凉鞋时要穿袜子，冬季不能穿得过于臃肿。男士不要头发太长，也不要胡子拉碴。女士夏季不能穿凉拖，衣着不能太花哨，尤其不能过于暴露，化妆宜淡妆，要庄重得体。

俗话说："心态决定成败。"调整心态，鼓足勇气，轻松出发。无论做什么事情，心态对结果起着至关重要的作用。当我们面见客户时，尤其是陌生客户，你有充分的自信，就会拥有十足的勇气和无限的智慧。同时，你的信心也会给对方一种无形的威慑和吸引力。有了十足的自信心，你自然就会克服胆怯的心理，整个谈判过程就会思路顺畅、语言流利、举止得体有度，在这种良好的心态下，成功自然也就水到渠成了。

由此可以看出，事前准备充足对销售工作的顺利展开并最终赢得客户起着重要作用，尤其是在对客户的陌生拜访中，出于彼此的不了解，客户对销售人员会有很强的防备心理，因此在陌生拜访的过程中会出现很多不确定因素，也会给销售人员的拜访成功带来很多困难。事前的充分准备可以让销售人员尽量避免在拜访过程中出现纰漏，为拜访工作的顺利开展保驾护航。

6. 工欲善其事，必先利其器

中国有句古话：“工欲善其事，必先利其器”。好的工具将对做好一件事情起到事半功倍的效果。而对于销售人员来说，一套齐全的销售工具在对客户进行陌生拜访时必不可少，它可以对销售人员的产品销售起到很好的辅助作用，在特殊情况下甚至会起到决定性作用。实践证明，在销售工具的帮助下，销售人员可以大大降低劳动成本，提高成功率。因此，销售人员在拜访客户前要准备好各种销售工具，并检查工具是否齐备，以免在需要时才发现忘记带了而影响销售活动的效果。

销售工具主要包括演示工具、记录工具、计算器、名片、礼物等甚至产品样品等。演示工具包括光盘、幻灯片、产品的讲解视频等，它能够帮助销售人员在介绍产品时起到强化作用，使客户对产品有更加清晰的了解，从而促使客户对产品产生购买意向并最终购买产品。有时，在销售人员与客户的交流当中，销售人员的讲解方式欠妥、讲解水平有限，或者由于客户的理解能力没跟上，都可能会使客户无法对产品有特别清晰的了解。在这种情况下，演示工具将起到不可替代的作用。

演示工具还包括演示资料，演示资料除了对产品介绍外，还有媒体对公司或产品的一些报道、数据统计资料、销售场景图片、辅助工具等。

李君是一家生产特种轮胎企业的销售人员，他们公司生产的汽车外胎比一般的汽车外胎要坚硬得多，一般的钉子都无法刺破他们生产的外胎，因此有很强的保护内胎的作用，市场前景很好。但进入公司几个月来，李君的销售业绩一直上不去。尽管他拿着一小段汽车外胎给客户看，但很多客户都不相信。直到有一天，一个客户为了检验这种外胎橡胶的性能，拿了一根铁钉用锤子使劲敲打，最后铁钉弯了都没能刺穿这块橡胶样品，这位客户才决定购买这款轮胎。李君受到启发，以后每次去拜访客户都带着铁钉和锤子让客户做实验，这一招果然管用，很多客户试过之后都对这种轮胎十分感兴趣，并最终购买了产品。李君的业绩也得以快速提升。

从这个例子来看，锤子和铁钉就是辅助工具，辅助工具往往能够帮助演示工具达到更好的演示效果，从而对销售人员卖出产品起到很好的助推作用。如果小李没有锤子和铁钉这些辅助工具，那么这种制作外胎的橡胶的强度就难以展示出来。而一些客户在兴趣完全没有被调动起来，或者没有想到用怎样的方法来对产品的性能进行验证时，往往也不会主动提供锤子、铁钉这种辅助工具，那么这种橡胶的高强度就无法显示出来，这显然对产品的销售不利。因此，销售人员在拜访客户时，备齐演示工具是极其重要的。

演示工具还包括产品模型，在产品的体积太大的情况下，销售人员没办法将产品带给客户看，为了直观有效地向客户介绍产品的外观、质量和性能，一些公司会按一定的缩小比例制造产品的模型来帮助销售人员对产品进行介绍。这些模型也能帮助客户更直观地感受产品的外观设计，形成对产品的初步印象。

另外就是记录工具，比如说笔记本和笔，这也是销售人员在销售过程中的必备工具之一。在拜访客户以后，销售人员应该将客户提出的问题、要求等内容经过整理后记录下来，不能解答的问题拿回公司反馈给相关同事和领导，也可以把自己在下次拜访客户时的应对计划及措施写下来，以免到时候忘记了又去临时想对策，影响回访效果。对那些客户提出来的，销售人员一时又没办法解决和回答的问题，可以诚恳地对客户坦白，并当着客户的面记录下来，这会让客户觉得你在认真倾听他们的意见，并觉得销售人员很尊重他，这也会增加客户对销售人员的好感。在问题得到解决后，也会大大增加成功的概率。这其中值得注意的也包括选材。笔记本最好选一些看起来比较精美的，这样在客户面前做记录的时候就会让客户感觉很舒服，证明销售人员对客户的意见很重视；笔作为写字的工具，除了美观之外，最重要的就是实用，所以最好是常用的中性笔，如果用钢笔的话可能有堵墨、漏墨等情况发生，铅笔则容易断。如果出现差错，不但不能完成记录工作，还会给客户留下做事不周全的印象，因此在使用这些工具时最好做到保险实用，以便在拜访客户的过程中能够用起来顺手，不影响工作。

计算器也是对销售人员大有用处的销售工具。计算器可以帮助销售人员进行各种数据的统计以及打折促销时的成本控制，也便于销售人员对客户进行价格促销时用实实在在的数字来告诉客户购买我们的产品将带来的经济效益，刺激客户的购买心理。

名片是现在的销售活动中必不可少的工具。名片是销售人员的商务身份证，它能提高销售人员的形象，让客户觉得你是一个注重个人形象的人。在你向客户介绍自己后，名片可以对你的信息进行二次传递，让客户对你加深印象。同时，名片也是一种潜在的购买邀约函，当客户收下你的名片后，以后再看到你的名片时会在潜意识里勾起他的购买欲望，在有需求的情况下他就会打电话主动联系你。当然，在向客户递名片或者交换名片时，要注意礼节，向客户递交个人名片时要双手递上，接客户名片时也应该双手接过，并认真看一遍以示对客户的尊重。

礼物在人与人的交往中起着重要的作用，它可以拉近人与人之间的距离，增进人与人之间的感情。事实上，在对客户进行陌生拜访时，一般的销售人员送礼物的并不多。一方面他们认为在不知道客户是否有购买需求的情况下，送礼物有点浪费；另一方面也怕贸然给客户送礼物会加强客户的防备心理，对产品销售起到反作用。

中国有句古话叫作“礼多人不怪”，但这句话在对客户的陌生拜访时并不一定适用。

在现实中为了节约成本，同时也为了不给客户造成心理不安，销售人员应该选一些价值较轻的礼物。如果礼物价格太高，在还没有赢得客户信任的情况下，送礼物可能会给销售工作的成功带来反作用。一些客户可能会认为销售人员给他送礼物无非就是想让他出钱买产品，也会认为销售人员之所以给他们送礼物是因为产品的竞争力不够，这时的礼物在一些客户眼里就成了诱饵，具有贿赂的意思。作为站在利益对立面的客户来说，礼物可能会强化他们的防备心理或者使他们产生逆反心理，最终导致他们拒绝购买产品。因此，礼物这个销售工具应该慎用。如果你在拜访客户前没有客户的详细资料，对客户的信息不太了解，在没有把握的情况下可以不送礼物。当然，在你对客户的相关资料有详细了解的情况下，送对礼物将给你的销售工作带来很大的帮助。比如说，客户家里有小孩，销售人员可以买个小玩具作为礼物。虽然价值不高，但是很合客户的心意，可以增加客户对你的好感，为与客户的交流创造轻松的氛围。所以，关键是要送对礼物，要送一些客户没办法拒绝又不产生反感情绪的礼物。

完备的销售工具可以给销售人员的工作带来很大的便利，大大简化与客户的沟通，能够更快速、更清晰地将产品的信息传递给客户。

小王是一名销售人员，所在的公司不大，没有完备的培训体系。新来的业务员只能边工作边学习。小王在拜访一个客户时，客户向她提出了一些产品的专业知识，由于小王没有这方面的知识，所以她满脸通红地对客户说：“真不好意思，我刚进公司不久，对产品还不是很了解，不过我带来了样品，您可以看一下。”客户在对样品仔细观察一番后，当即决定购买产品。因为对一些比较专业的客户来说，他们对产品的鉴别能力保持着一种自信，比起销售人员的讲解，他们更相信自己的判断。因此，完备的销售工具是销售人员不可或缺的，它的作用是销售人员用其他方式所代替不了的。

此外，销售工具也可以让客户觉得销售员的销售工作很规范和统一，他们会认为销售人员是专业的，在业务上受到过公司的正规培训。而一个规范的公司在信誉上有更大的保障，这也会增加客户对销售人员和产品的信任。比如，在客户对产品提出质疑时，让销售工具代替产品说话，更胜于销售人员的伶牙俐齿。另外，销售工具在销售人员岗前学习时能起到很大的作用，它能让销售人员在更短的时间内了解产品的性能功用和优势所在。即使销售人员自己一时解释不清，只要把销售工具拿给客户看，就能赢得客户的信任，从而打动客户，顺利卖出产品。

7. 准确的产品定位能让你的销售工作省时省力

产品定位就是指针对消费者或用户对某种产品、某种属性的重视程度，塑造产品或企业的鲜明个性或特色，树立产品在市场上的形象，使目标市场上的顾客了解和认识本企业的产品。销售人员在开展销售工作之前，准确定位市场十分重要。几乎每个企业都会在产品生产之前，进行市场定位，以作为指导企业从生产到销售整个操作流程的依据。企业进行市场定位的意义在于，首先要知道自己应该生产什么样的产品；其次，知道自己应该生产什么档次的产品；最后就是怎样才能最大限度地把产品卖出去。作为销售人员，一定要做好市场定位，就像企业的市场定位能帮助企业卖出产品一样，销售人员进行市场定位也是为了能将产品最大限度地卖出去。在销售人员拜访客户之前，准确的市场定位可以帮助他去寻找合适的目标客户，并通过对这些客户性质的定位做好准备工作。

当然，销售人员对产品的市场定位首先应该与公司的市场定位一致。毕竟企业的市场定位是比较客观和专业的。但对于销售人员来说，他们的市场定位还有很多可以细化的地方，而这种定位的关键就是寻找客户的过程。比如说，产品的市场定位是中低端收入人群，销售人员就可以去一些中低收入人群中寻找自己的客户。假如产品的品牌定位是中高端消费者，那么销售人员就可以在一些高端社区对客户进行拜访，这样客户对产品的需求机会可能会更大。这也能大大节省开拓市场的时间，而且可以让销售人员找到能够最快实现良性循环的有需求的目标客户。低收入消费人群可能很难买得起高端产品，如果把这类人群当作客户去进行拜访无异于大海捞针，费时费力还得不到回报。

在对产品有准确定位的情况下，销售人员还可以做相关的前期准备。比如说，产品定位的是高端市场，那么销售人员就需要对高端的生活进行一些了解，比如股票市场、时尚、各种高收入群体涉及的休闲活动等等。这样，销售人员才可能在拜访客户时有话题可聊。因为不管产品再怎么对客户的胃口，销售人员首先必须对上客户的胃口才行。任何事情开始都是最难的，销售人员要成功实现销售，首先要让客户接受你，只有在这个基础上，客户才会给你机会让你展开销售活动。所以，销售人员应该从产品的市场定位这个角度来确定目标客户，并以此来对自己进行相关技能的训练，为开发客户做好前期准备。

在销售语言方面，销售人员也要根据产品的市场定位来进行售前训练。在和目标客户进行交流时，共同的语言至关重要。只有用客户认可的沟通方式，客户才会接受你。比如说，如果销售人员销售的产品是针对低端市场，那么销售人员面对的就可能是那些以价格作为主要参考对象的中低收入人群，销售人员就需要在向客户介绍产品信息时突出产品的价格优势，称赞客户的话也可以是“大哥真实在”“大姐真会过日子”等。如果产品是面向高端市场的话，销售人员面对的可能是高收入的消费人群，这些人一般将产品的性能和品牌的市场认可度作为主要的参考对象，以产品能否满足他们追求的生活质量和个人品位为购买条件。这时，销售人员在向客户介绍产品信息时就要针对这些客户的购买心理，称赞客户的话也应是“先生真有品位”“女士真时尚”等。准确地理解产品的市场定位，销售人员就可以在拜访客户前，认真琢磨这些客户的生活经历、习惯的交流方式以及消费心理。这样，销售人员才能在销售前制订出合适的销售策略，为销售成功打下坚实的基础。

销售人员在寻找目标客户时，对客户的精准定位也是建立在产品市场定位的基础之上。理论上，每一个消费者都有可能成为我们的客户，但实际上并不是每一种产品在市场上都有相对的“群聚”客户。如果销售人员能准确地抓住目标群体，那么将会给销售工作的顺利开展奠定良好的基础。就拿圆珠笔来说，圆珠笔是人们日常生活中使用较为广泛的商品之一，几乎每个人都有可能成为圆珠笔的购买者，但是在这些人群当中，肯定会有需求量最大、客户最密集的群体，比如说学生。原因很简单，学生每天要用笔书写，而其他消费人群虽然有足够的消费能力，但是他们还有其他的替代品。比如说公司的文员，他们就有可能用无纸化办公的方式来替代用笔书写。所以，如果销售人员能够在学生这一群体中开展销售工作，其获得良好的销售业绩的可能性就很大。但现实中，圆珠笔的销售人员却不一定会将目标客户锁定在学生这一群体上，这就需要销售人员通过对产品市场定位的深刻理解来对目标客户群体做出更精准的判断，而这种“战略思想”指导下带来的销售业绩往往比销售人员在那些并不算优质的客户身上施展销售技巧要好得多。

产品的市场定位是由公司决定的，销售人员要做的就是将公司对产品的市场定位作为开展销售工作的指导，全面了解，深刻领会，抓住产品的鲜明特点及优势，并加强在这方面的训练。只有这样，销售人员在拜访客户时，才能凭这些产品的优势和特点在第一时间抓住客户的心，充分调动起他们的兴趣。只有这样，销售人员的拜访才会有好的交流环境。产品特色是商品在市场竞争中最重要的因素之一，也是企业确立市场定位的重要依据。每一种产品都会呈现一定的特色，有的体现在价格上，有的体现在质量上，等等。销售人员在进行定位时一方面要了解竞争对手的产品具有何种特色，即竞争者在市场上的位置；另一方面要研究顾客对该产品各种属性的重视程度，包括对产品特色的需求和心理上的需求，然后分析确定本企业的产品特色和形象。这样，销售人员在对客户进行拜访时才能做到有的放矢。再用客户容易接受的特色来吸引客户，这样成功打动客户的机会也会更大。

兵法有云："知己知彼，百战不殆。"只有充分了解产品信息，销售人员才有可能做好正确而充分的准备工作。市场定位作为产品最宏观、最深刻的信息，是销售人员应该掌握的。只有深刻把握了产品的市场定位，销售人员才能从全局上做好销售工作的前期准备。这样在拜访客户时，销售人员的销售工作才会是成体系、有条理的，工作开展起来也才会更有效果，更容易出成绩。

8. 做好事前演练，做到心中有数

对于销售人员来说，前期的准备工作再多也不为过。因为在当今市场经济日益成熟的情况下，对于同一类产品，客户可选择的种类越来越多，而这对产品和销售人员的要求也越来越高。在这种情况下，销售人员会越来越多地在拜访客户时碰到各种各样的问题，也许这些问题销售人员从来都没有碰到过，或者问题太难了，销售人员一时无法解决，这就有可能导致客户拒绝销售人员。因为，销售人员在对客户进行陌生拜访时，双方处在一个完全陌生的状态，客户对销售人员充满了不信任，因此，这样的交流必须要保持绝对的通畅。一旦销售人员在客户面前“卡壳了”，就很有可能被客户直接拒绝，即使勉强继续交流，在第一印象没有树立好的情况下，销售也很难取得成功，反而浪费了双方的时间。所以，在销售工作开展之前，做好销售演练有利于发现工作当中可能会遇到的困难和需要解决的问题，以便做好预案，做到有备无患。

对于需要上门进行陌生拜访的销售人员来说，他们在客户面前的发挥很重要。因为一般情况下，需要上门拜访的销售人员，其产品的市场知名度都不会太高。再加上客户对销售人员有较强的排斥心理，这给销售人员的发挥带来了巨大的困难。可以说，任何经验丰富、能力强的销售人员都不能保证自己能在客户面前“全身而退”。在这种情况下，销售人员说什么、做什么以及怎样说和怎样做，对个人销售成败，以及公司的形象和信用都会有很大的影响。如果准备不足就仓促上阵，可能会使一个很有潜力的销售人员还没展示出自己的销售水平就被客户的拒绝打倒，更可能使一笔有希望到手的大单打水漂。而对销售人员来说，通过“模拟销售角色”，可以让他们在最终面对客户前，准备充分，游刃有余，杜绝“丢形象”的问题，“丢单”的概率大大降低，从而提高了工作效率和利润率。

模拟销售是创造培训模式和积累培训经验的最佳途径，是销售人员销售前期准备工作的重要环节。我们都知道，技巧是在不断练习的过程中提高的，其实销售也如此。要想提高销售水平，销售演练就是不错的方法，它能让人在演练过程中发现不足，发现优点，对以后的销售具有很好的借鉴价值，在实际的销售中能起到很重要的作用。那么，怎么进行销售演练呢？

简单地说，就是一个买家面对一个卖家，都把对方当成陌生人看待，进而演练销售的技巧。这样的演练能很好地锻炼销售员的沟通能力、语言技巧、眼界心胸、智谋决断。通常的售前演练就是两个人一个扮演买方角色，一个扮演卖方角色，以相互陌生的情景开展销售演练。卖方尽量用各种难题来对销售人员进行考验，销售人员通过这种演练发现销售过程中可能会面临的问题，制订相应的解决方案。这也可以加强销售人员的临场应变技巧，一些销售新人可以由此提升自己的销售经验。

其实，一个人也可以进行这种销售演练，那就是通过换位思考的方式来分别扮演客户和销售人员这两个角色，通过自己平时做客户接受其他销售人员拜访时的心理来对自己的销售工作提出各种疑问或者难题，让作为销售人员角色的自己来应对解决。为什么销售人员要进行售前演练？这是因为销售人员在实际的操作中要面对很多不利于自己的问题，在没有事先准备的情况下，销售人员很难现场妥善地解决问题。因此，销售人员要做到尽量减少这种差错的出现，如果被客户拒绝得太多，可能会使销售人员失去信心，尤其是对销售新人来说，售前的演练更为重要。如果在没有经验的情况下仓促上阵，就有可能被客户一次次的拒绝击垮，可能还没有等他们的经验和能力达到销售精英的水平，就因为遭受的打击太大而对自己和销售工作失去了信心。因此说，打毫无准备的仗会让这些销售新人中途夭折。如果销售人员能通过售前的演练将一些比较棘手的问题加以解决，将给拜访工作带来很大的帮助。即使销售人员遇到的问题没有在事前的演练中涉及，经过事先的反复演练，销售人员的心理素质也获得了提高，面对棘手的问题不会茫然无措，而是会镇定理智、有条不紊地处理好。

销售演练是对销售技巧的锻炼，是销售实战的预备方案，是销售实战的课堂作业。有了演练的丰富经验，也就等于掌握了很好的销售理论的应用，再到社会上具体实践，就会轻车熟路了。这就如同军事中的沙盘推演一样，之所以要进行沙盘推演，是因为这种演习比起真正的演习花费的时间和精力要小得多，而在销售过程中，销售人员的经验教训是从哪里来的？肯定是从失败中得来的。但是，如果一个销售人员完全通过实践过程中的失败来提高自己的销售能力和销售经验，代价太大，这些被销售人员用来“做实验”的客户可能很难成为他们的真正客户。既然销售人员能从这种虚拟的演练中得到基本相似的经历来提高自己的能力，那为什么不用这种方式呢？就像人们常说的“台上一分钟，台下十年功”。台下是用来训练的，而台上只能用来展现自己的风采，并通过这种风采收获成功，不管是观众还是表演者都不想看到演员在台上出丑。一个销售人员要想在销售的舞台上展现自己的风采，就必须在平时进行大量的训练，因为舞台只是用来表演的，如果把这个舞台当作自己的训练场，销售人员就需要付出沉重的代价，这也是销售人员进行售前演练的意义所在。

另外，销售人员在拜访客户时，代表的不仅是销售人员本人，也代表着公司和产品，因此，销售人员必须尽量将最完美的一面展现给客户，通过给客户留下良好的印象进而逐步树立起产品和公司的市场形象。

第二步

确定拜访

——做你最恐惧的事

在经过前期的准备之后，销售人员就要对客户进行拜访了。对很多新手销售人员来说，对客户进行陌生拜访是一件很恐惧的事，因为在这个过程中将会发生很多不确定的事情。而对于销售人员来说，最害怕的事情莫过于客户的拒绝了。客户的拒绝不仅会伤害他们的自尊心，而且也代表着这一段时间的努力工作都付诸东流，完全得不到金钱的回报。这种双重打击对销售人员是最严峻的考验，也是销售人员产生恐惧心理的来源。能不能克服这种心理恐惧并以正确的心态来解决，将决定一个销售人员在销售这条道路上能够走多远，能否成为一个真正的销售精英。事实上，一个真正的销售精英并不是将自己的脸皮练厚，用麻木和无所谓的心理来应对客户的拒绝，而是应该想办法来减少客户的拒绝。客户为什么要拒绝你，产品不够好？曾有这样一句话："没有卖不出去的商品，就看你能不能找对顾客。"为什么你不能学会找一些有需求的客户呢？为什么你不能从那些本来没有需求的客户身上挖掘出潜在需求，甚至从他那里得到其他有需求的客户呢？有时候，客户的拒绝原因可能就出在销售人员身上，比如说销售人员不够大胆自信、礼仪形象有问题、不够专业等等。事实上，这些客户的拒绝可能都能通过销售人员对自己的修炼来解决，即使这些客户是因为完全没有需求或者没有消费能力而拒绝销售人员，那也是因为销售人员确定目标客户的能力有问题。所以说，努力提高自己不但可以帮助销售人员勇敢地面对拒绝，还能帮助自己减少被客户拒绝的概率。

1. 恐惧来自内心的不确定

人为什么会恐惧呢？这是因为他对未知的东西可能会对自己产生的伤害有畏惧心理。对于销售人员来说，对客户的陌生拜访，产生恐惧心理是正常的事，因为它符合人类产生恐惧的基本原因。那就是对未知后果可能对自身产生伤害的一种本能的畏惧。销售人员拜访客户并向客户推销一种产品或者服务时，销售人员总是想让目标客户理解他们推销的是什么，似乎也是想让客户加深对产品的了解。到最后，他们可能为了向客户解释清楚每件事是如何进行的而花费了大量时间在微不足道的细节上。但问题是这些被拜访的客户不会因为了解了你在推销什么就购买。你得到的回复可能是："你的产品我们已经了解了，但我们需要的不是这一种。"这会让销售人员的销售激情在第一步就遭受重大打击，甚至产品的其他特点还没有展示出来，整个销售计划就胎死腹中了。不少销售人员会很沮丧，认为自己的销售能力再高也无法帮助自己赢得优势，因为客户说不定会在哪个环节拒绝你。这种"天时地利人和俱全才能拿下客户"的心理让很多销售人员没有自信，这也是销售人员产生恐惧心理的重要原因之一。

例如，当一个销售人员滔滔不绝地将产品的优秀性能和时尚设计介绍给客户时，客户告诉你他不需要做得太花哨，只要能用就行了，关键是价格要便宜。这时，销售人员就会完全陷入恐慌之中，销售活动一下子就陷入了万劫不复的境地，各种应对措施完全没办法利用起来，很多销售人员对这个客户的拜访就到此为止了。这也是很多销售人员对拜访客户产生恐惧的重要原因之一。也就是说，销售人员完全想不到客户下一步会说什么，他们事前准备的都是按照自己的思路进行的，而客户却往往会不按预想的套路出牌。

另外就是销售人员在拜访客户时都是带着成功的希望去的，这也是他们开展销售工作的动力所在。但往往是越想成功，就越会对客户的拒绝产生恐惧，而这种恐惧又会影响销售人员在推销产品时的发挥。这样，销售人员就很容易陷入这个心理怪圈。事实上，有时候销售人员不去想成败可能得到的结果会更好，因为销售人员可以轻松上阵，将自己的销售水平完全展示出来。但不去想成败也是一件很困难的事，因为销售成功是销售人员工作的最终目的和价值体现，是对销售人员物质和精神的双重奖励。但是这种失败多成功少的拜访活动有时候会让销售人员带着中奖的心态去面对，这样就会误导销售人员，淡化销售能力对销售取得成功的作用。很多销售人员会由此产生惰性和麻木，心想反正决定权都在客户手里，能不能成功就看个人运气了。

价格往往是销售人员自认为在对客户进行拜访时最强烈的不确定因素。销售人员认为，客户在对产品进行评估时，往往会把价格放在第一位，哪怕自己讲得再好，只要客户对产品的价格不认可就将导致整个销售计划的全盘失败。在销售人员将产品的各种性能和优势介绍完之后，客户问销售人员价格时，很多人会在这个环节出现强烈的畏惧心理。报价的畏惧心理是每个销售人员或多或少都会有的。很多人认为，产品的价格是最重要的属性和竞争因素，也是客户决定是否购买产品最重要的参考因素。很多销售人员在向客户介绍产品的各种功能和作用时，讲得绘声绘色，客户也听得津津有味。但是当客户询问价格时，就会一愣，或者大脑出现暂时性的空白，于是就开始没自信了，无法像介绍产品性能时那样自信地报出价格，顿时冷场。即使销售人员接着将价格报给了客户，也无法延续介绍产品功能时的那种氛围，客户也会在销售人员这种卡壳的状态下将自己刚刚被对方提起的热情冷却下来，他们甚至会怀疑，这个销售人员在介绍产品时说得挺令人动心的，怎么一谈到价格就特别不自然，是不是产品的价格太贵啊。最后的结局可能是销售人员付出的所有努力都付诸东流。那么，到底怎样来看待产品的价格呢？

很多销售人员都会在客户因为价格而拒绝购买时抱怨产品的价格太高，高昂的价格让他们的销售才华无用武之地。他们认为，其他的问题自己都能解决，客户嫌价格贵那就不是自己的事了。很多销售人员在没拜访客户前就开始担心产品的价格了，并且常常抱怨："我们的产品这么贵，让我怎么好意思说出口啊，这种价格一报出来肯定凶多吉少。"这种心理暗示使销售人员不敢大胆报价，甚至对拜访客户产生恐惧心理。其实，这是对自己和产品没有信心的缘故。如果公司的产品价格是2000元，而销售人员只给客户报1000元，这时候销售人员肯定不会再有这种胆怯的情绪了，为什么呢？因为你觉得价格已经很便宜了，这事实上还是对产品的不自信。每一种产品的定价都是有一定的市场依据的，如果连销售人员都认为它的定价不合理，怎么能奢望客户去接受产品的价格呢？当然，销售人员在熟悉业务时也要对产品做仔细的了解，将产品的优势抓住，这样在向客户介绍产品的功能时才能够将产品的优势传递给客户。等充分勾起客户的兴趣后，一定要不失时机地报出价格，记住是销售人员主动报出价格而不是等客户来问的时候再报。如果销售人员把前面的全说完了，最后才报价格，效果肯定不会是最好的，或者在客户已经从原来的购买冲动中冷静下来的时候再报价，这对销售人员的销售显然是不利的，也会进一步导致销售人员没有勇气报价给被拜访客户。

综上所述，引发销售人员恐惧的不确定性其实就是一种风险，也就是在销售人员拜访客户时，每一个客户都有拒绝你的风险。而这种风险之所以令销售人员感到恐惧，是因为它会带来损失，这种损失表现在经济利益以及对自尊心和自信心的打击。对于初次拜访客户的销售人员来说，后者对销售人员的伤害更多。因此，在对客户进行陌生拜访时，一定要充分做好心理准备。当然，首先要做好行动上的准备，把自己该做的做好，也就是前文提到的，寻找到优质的目标客户、注重商务礼仪、带好销售工具等等。只要把这些做好了，就可以最大限度地减少拜访客户时出现的不确定性，这样一来，引发恐惧的因素自然就大大减少了。

2. 把客户当成“弱者”，给自己拜访的信心

很多时候，销售人员拜访失败并不是因为销售的产品不够好，没有市场优势，或者拜访的客户根本就没有需求，也不是因为事前的准备工作没有做足，对客户的拜访效果产生了影响，而是因为他们没有正确定位自己在销售过程中的角色，心态没有摆正。在面对客户时，他们总认为客户是上帝，卖给他们东西是从客户的口袋里掏钱，而客户买不买产品完全看客户的心情。所以，很多销售人员总是会在客户面前尽量弱化自己的形象，好像这样才会让客户感觉舒服并购买自己的产品，这就是销售领域常说的乞丐心理。在这种心理因素的暗示下，销售人员就容易带着不安的心理去和客户交流，认为客户购买产品是对自己的一种赏赐。在这种心态下，销售人员在拜访客户时就会背负着压力、自卑，以及各种对销售不利的心理。这种心理反映在销售员的行为举止上，就会让客户对销售人员的动机和产品的质量产生怀疑，从而拒绝购买。

所以，销售人员在拜访客户时摆正心态是成功的重要因素。首

先要自信，自信可以帮助销售人员与客户建立平等的关系。销售人员应该明白，你把产品卖给客户不仅仅是从他们的口袋里掏钱，同时也让他们得到了一件他们需要的东西，而且是上门服务，不要他们花时间、花精力甚至花更多的钱去买相同的东西。所以说，你们之间的交易只是一种等价交换，而且销售人员的上门拜访还给客户提供了更大的方便。作为销售人员，不但自己要理解透彻这种关系，也要通过自己的言行举止让客户明白。不可否认，客户在销售过程中占有一定的优势，他们对产品有充分的选择权，这就需要销售人员在对客户的拜访中运用技巧去展示产品的优势，要让客户认识到购买你的产品是物超所值，能满足他们的需要并能给他们的生活带来方便。这就会有效地淡化客户的选择优势，让他们将选择的目光集中在对销售人员所推销的产品上，客户的购买概率就会增大。

而自信的另一个方面就来自于销售人员对产品的专业化了解。在拜访客户前，销售人员要不断强化对产品的了解，形成对产品行业和竞争对手的专业化了解。在拜访客户时，销售人员就能站在专业人士的角度，对客户进行产品知识方面的讲解。当然，这种讲解是一种销售性质的，不过这样能提高销售人员在客户心目中的地位，让他们明白你才是专家。而且，客户还会形成这样一种意识：既然销售人员对这类产品这么了解，那么他卖的东西也肯定是最有市场竞争力的。在这种意识的支配下，客户很容易对销售员所推销的产品动心。

在与一些身份地位比较高的客户打交道时，销售人员不要因为对方地位高而看低自己。每个人在社会中扮演的角色都是不一样的，这个社会也需要不同的角色来维持运转。作为销售人员，他们是这个社会经济领域的重要参与者，正因为有了他们，才有了一个充满活力的经济社会。销售人员去拜访客户是去开展他们的工作，只要他们的业务能力强，他们就有自信的资本。销售人员在对产品进行专业介绍时，应该有这样的认识：我们才是强势的一方，不管对方是什么地位，他们都是我们的忠实听众。就像医院的医生一样，不管病人的地位有多高，都必须听医生的。因为我们才是专业的，我们就是为客户答疑解惑，并解决他们的需求的。所以，在拜访大客户或者地位高的客户时，销售人员要保持自尊和自信，当然这种心态是建立在销售人员能够为客户提供最好的产品和服务的基础上。只有这样，销售人员与客户的交流才有底气。

事实上，销售人员在拜访客户时所产生的恐惧心理，最主要的原因还是销售人员自身的心理在作怪，怕失败、怕被拒绝。有时候，这种思维定式会给销售人员造成一种偏见，使他们无法用正常的销售思维来进行自己的拜访工作。很多销售人员在对客户的拜访中一碰到客户询问或质疑就会对客户进行定性，认为客户是在故意刁难。这时候客户在他们心中就完全是一副傲慢骄横的形象，而且心里会开始打退堂鼓：“唉，算了吧。和这家伙说话完全就是对牛弹琴，没办法沟通。说多了也是浪费时间，还不如把时间省下来，去开发一些有意向的客户。到时候被他拒绝多没面子啊！”在这种心态下，很多销售人员可能会选择直接放弃。俗话说得好，“嫌货才是买货人”。有时候，客户对产品挑刺儿正是一种想要购买产品的信号。客户之所以挑刺儿无非就是想压低价格，或者以这种方式把自己的疑问说出来让你去解答，也是通过这种方式来打消自己的疑虑，如果这时候销售人员能对客户不抛弃不放弃，对他们的质疑给出很好的解释，就有可能促成交易。如果销售人员害怕失败，将客户的这种行为当成拒绝，那么销售人员就将错过他们。销售人员的这种客户开发模式也是蜻蜓点水式的，无法对客户的需求进行深层次挖掘。

因此，对销售人员来说，在面对客户时，要尽量展示自己强势的一面。一方面，销售人员要对公司及产品有绝对的自信，也要对自己的销售能力充满信心，在面对客户时，销售人员要向客户展示出“这是一家最棒的公司的最棒的销售人员在推销最棒的产品”这样一种理念。另一方面，在拜访前，销售人员要对客户的各种信息进行尽可能详细的了解，抓住客户的弱点，并在拜访的过程中发现问题，以此为切入点，向客户展示“你就是不专业，而我是专业的，我来拜访你就是为你答疑解惑同时把你最需要的产品卖给你，来满足你的需要解决你的问题”。只有这样，销售人员才能以强势和自信的态度去面对客户，而客户也会因此而尊重销售人员，连带着也会尊重销售人员所在的公司和产品，他的选择权也会在这种氛围下被淡化，让销售人员能在整个销售过程中占据优势。

3. 把“我能行”放在心里，才能增强陌生拜访的勇气

销售人员在对客户进行陌生拜访之前，可以给自己足够的心理暗示：相信自己能行。销售人员要相信，自己与客户之间只有熟悉与不熟悉，而没有陌生与不陌生这种说法。只要去见上一面就会彼此熟悉了。另外，销售人员要对自己的产品有信心，一定要坚信，自己卖给客户的产品就是最好的，来拜访客户是在为对方服务。在拜访客户前，销售人员可以对客户的相关信息进行了解，知道他有什么问题，他的需求是什么。在了解到这些信息之后，就可以制订相应的计划，将最合适、最能满足他们需求的产品推荐给他，让他感觉这一切都是为他量身定做的。在这种情况下，销售人员肯定会信心满满，并会想：“我都为你想得这么周到了，你还有什么理由不买我的产品呢？”

拜访客户的勇气还来源于销售人员对销售这份工作的认同和自豪。一个优秀的业务员一定会对自己的工作感到非常骄傲，能把销

售工作当作一项事业来奋斗，把销售工作的成功作为梦想来实现。缺乏勇气的销售人员，如何能取得良好的业绩？想要向顾客推销出更多的产品，销售人员必须要有一份骄傲藏在心中，那就是能够告诉顾客他所不知道的事情。而且，销售这份工作可以让销售人员得到物质和精神上的回报，这种心理暗示可以让销售人员勇气倍增。

“我能行”不能仅仅停留在心理上，还需要有强大的销售能力来作为后盾。如果销售人员在拜访客户时给了自己足够的心理暗示，但等到去拜访客户时，很多问题却无法解答，这就不再是勇气是否足够的问题了。勇气来源于对能力的自信，很多时候销售人员的勇气也是和销售能力一起成长的。在拜访客户时，销售人员要鼓起勇气，开口就要知道自己应该说什么，如果一个销售人员连自己将要对客户说什么都没有想清楚，很难有足够的勇气去拜访客户。

作为一名销售人员，要学会用拜访时的一些心得和收获来增强自己的勇气。一个销售人员没有勇气去面对客户，要么是第一次对客户进行陌生拜访，不知道这客户会提什么样的问题，或者直接拒绝你让你觉得很没有面子，要么就是被客户拒绝的次数太多，因为一无所获而对工作产生了厌烦、恐惧的心理。对于刚刚开展工作的销售人员来说，一定要以积极的心态看待客户的拒绝，用发展的眼光来看待失败。

中国有句古话：“无欲则刚。”如果销售人员在没有负担和压力的情况下拜访客户，就可以轻松上阵，勇气大增。对那些因为多次遭到拒绝而气馁的销售人员来说，你首先要相信个人的能力和公司的产品，并时时刻刻提醒自己，也许下一个与你达成购买意向的客户就是今天你要去拜访的这位。

一些心理学的研究发现，人们在没有经历一些事情前，总是会先对自己形成一种心理暗示，比如把一块宽 30 厘米、长 10 米的木板放在地上，人们可以轻易地从上面走过去，但如果把这块木板放在高空中，很多人就会因为害怕而不敢迈步。因为这时候人们往往会形成一种自我暗示：我会掉下去的。在这样的暗示作用下，人们就会感到恐惧，害怕自己真的掉下去，虽然事实并没有发生。在实践当中，销售人员的恐惧多半来源于“不敢与人打交道”，这种现象也叫作“缺乏人际勇气”，销售新人在这一点上尤为明显，这也是这类销售人员大量流失的重要原因。有资料显示，由于缺乏与人打交道的勇气而遭到淘汰的销售人员高达40%以上，这些人多半是在入职后不长的时间就暴露出这样的问题。

有很多销售新人往往只注重对技能和知识的学习，却忽视了如何克服心理恐惧。其实不仅是销售新人，很多有丰富销售经验的人员，他们骨子里也是缺乏人际勇气的。他们常常带着一种欺骗的心态去拜访客户。他们对于产品、技能的掌握都没有问题，而且非常勤奋，甚至也赢得了客户的尊重，但是他们的成交率就是不高，甚至有很多眼看着到手的客户却丢了。他们就是一次一次地拜访、介绍产品，然后一次一次地被拖下去，因为他们不敢逼得太紧，他们害怕看到不利的结果出现，最终丧失了客户。这种现象在很多公司都非常普遍，究其原因，这仍然与销售人员缺乏人际勇气有密切的关系。

刘洋刚从事销售工作不久，有一次，他需要去拜访一位客户，去之前就听同事说这个客户是一家大型企业的董事长，为人很严肃。于是没见客户前刘洋心里便开始担心，害怕客户会刁难自己，伤害自己的自尊心，或者干脆把自己骂出来。他越想越害怕，甚至想要放弃，但是已经和客户约定好了，见面总还是要去的。在去客户公司的路上，刘洋心里一直忐忑不安，设想了各种可能出现的情况，心情变得越来越沉重。终于到了客户的门口，刘洋甚至连敲门的勇气都没有了，在门外不停地踱着步子给自己打气。在他犹豫的时候，门突然开了，正好是那位老总，于是刘洋就跟着主人进了办公室。客户对刘洋很客气，也没有别人说得那么严肃，但是客户越是热情，刘洋越是紧张，最后连自己说什么都不知道了。客户见刘洋是一副畏畏缩缩的样子，心里很不满意，就找了个理由让他离开了。这笔生意当然没有成功。

怯场对销售工作的影响是致命的。当销售人员在客户面前面红耳赤、说话吞吞吐吐、语无伦次、眼睛飘忽游离不敢和客户对视的时候，给客户留下的就是负面印象。客户会认为销售人员不诚实、不干练、不成熟，因此对销售人员的信任度也会降低，即使产品很好，客户也会失去购买的欲望。久而久之，就会影响到销售人员的声誉，使客户不再光临。优秀的销售人员应具备的心理素质就是不畏惧，因为在销售职业生涯中，头号杀手既不是商品的价格，也不是宏观的经济萧条，甚至不是竞争对手的策略或拒绝见面的客户，而是销售人员拜访客户时的胆怯心理。

很多销售人员在刚入行时，不少前辈会告诉他们，推销产品就是在推销自己，而且当你与别人交流的时候，实际上你就是在推销自己。因此，销售人员必须做到敢于推销自己，同时更要愿意自我推销，最大限度地争取到周围人的认可。在对客户进行陌生拜访时，只要你能鼓起勇气，勇敢地迈出第一步，以后的事就不会令你觉得那么困难了。销售人员只要做到以下几点，一定会克服恐惧心理：

（1）要相信自己。自信心是一切事业成功的基础。在销售事业中，相信自己则意味着不仅仅相信自己的办事能力，而且相信自己选择销售事业的正确性，相信自己的工作能够给每一个人带来健康、财富和事业，相信自己是把产品、爱心和朋友们分享。只要树立了这种职业的自信心与自豪感，你自然会勇敢地走向陌生人。

（2）评估对方。两人初次见面时，往往很自然地在乎别人对自己的评价。但作为销售人员，如果时时在意对方的想法，心理上就会有患得患失之感，产生巨大的压力，当然会显得紧张无措。所以，不如暂时忘记自己，反过来评价对方：仔细观察对方的表情、服装、说话神态，找到对方的缺点。这样一来，心理上就能从被动变为主动，产生与对方平等的感受，压迫感与恐惧感也随之减缓。

4. 强大的自信心——溶解内心恐惧的“利器”

在销售过程中，销售人员必须要充满自信，有自信才会有勇气，有勇气才会有斗志，有斗志才会有激情。什么叫自信？简单地说，就是相信自己，自信就是自我肯定，这是自我概念里的感性部分。自我肯定的最佳定义可以说是你喜欢自己的程度。一个人越是喜欢自己、接受自己、尊敬自己，认为自己是一个很有价值的人，那么你的自我肯定度就会越高。你越相信自己是个优秀的人，你就会越乐观、越愉快。自信不仅是销售人员对自己本身，也包括对产品和企业乃至整个市场有充分的信任。在对客户进行陌生拜访时，自信可以化解销售人员心中的恐惧。

那么，怎样树立自信心呢？首先，要对销售这份职业有高度的自信。正是因为有了销售人员，很多企业新推出的产品才能更快地进入终端市场。也正是因为有广大销售人员的努力推广，很多消费者才能就近买到自己需要的商品。销售是一份解决人们需要、为人们带来便利的工作。作为销售人员，一定要正确认识这个职业，只有这样才能带着强大的自信心来开展工作。当客户用异样的眼光看自己的时候，才不会自惭形秽。

另外，销售人员在外在的言谈举止上表现出自信，也能给客户带来好感，如果销售人员衣着得体、抬头挺胸、说话彬彬有礼、不卑不亢地去拜访客户，也会大大提升你在客户心目中的形象，客户也不会因为他拥有选择权这个优势而盛气凌人。只有你用自信帮你和客户站在同一个位置，你的客户才会尊重你，耐心地听你对产品的介绍，也会更加相信你。这样才会大大减少被客户拒绝的概率，销售成功率也会大大增加。在成功的刺激下，销售人员才会更加自信，再拜访客户时就不会产生恐惧心理了。总之，只有自信才能走向成功，只有自信才能做好事情，给自己信心，超越自我，这样才能让自己走向成功。

当然，自信不是凭空而来的。如果你没有真才实干，只想装腔作势赢得客户的尊重，也是经不起推敲的。一旦露出破绽，反而会让客户反感。并且，这种状态也不能真正消除自己对客户进行陌生拜访时的恐惧。只有建立在真才实学的基础之上才会让你的自信从内心深处散发出来。因此在销售过程中，销售人员需要不断地修炼，把公司、产品、市场的各类信息烂熟于胸，对各种容易出现错误的细节加强训练。同时也能把客户的信息这些临时性的准备做充分，让自己在客户面前无懈可击。这样才能对客户的提问对答如流，才会知道这个客户最有可能向自己提什么问题，也才会知道该用什么方式去攻击客户的弱点，让客户虚心接受自己的意见。每一个人都喜欢和自信热情的人交往，因为这种自信和热情会感染到他，让他觉得能从和你的交往中受益。而当客户对一个销售人员有这种心态时，销售人员心理的恐惧感就会降低，因为客户对销售人员的开放姿态会让销售人员更了解客户，不管客户最终是否会购买产品，销售人员都要尽可能地提前捕捉到一些客户的信息。在有心理准备的情况下，销售人员的恐惧心理就会减小很多。

通常，销售人员产生恐惧的原因主要有两个：第一，就是担心公司的产品不好，客户不愿意买。要克服这种心理障碍就必须建立起对产品的信心，这是那句话："没有卖不掉的产品，只有卖不掉产品的人。"销售人员去拜访客户，用各种方式去和客户交流，做说服工作就是为了让客户相信自己的产品能够满足他们的需求，让他们最终购买自己的产品。要想让客户相信自己的产品，首先就要做到自己对自己的产品有信心。只有这样，销售人员才能鼓励客户对其产品产生信任。如果销售人员在对产品没有自信的情况下就去展开工作，就会有一种做贼心虚的感觉。这种感觉会直接导致销售人员产生恐惧感，尤其是对客户进行陌生拜访时，这种恐惧心理会更强。因此，要克服这种心理恐惧首先要在内心深处对产品有较强的认同，在潜意识里坚信自己对客户的拜访是为客户服务，为他们创造价值。只有这样，销售人员才能克服恐惧心理，带着自信去拜访客户。

第二,一些小公司的销售人员则是对公司的市场影响力没有信心，很多人还没去拜访客户就在心里抱怨公司的平台太小，使自己的销售才能的施展大打折扣。一些人会纠结于怎样避开这个致命的弱点，在陌生客户问起时，要么说公司正在发展当中，要么就欺骗客户直接说自己来自一家大公司。销售人员越是回避，越是不自信，客户就会越怀疑公司有什么问题，同时也会对销售员个人产生看法，认为这个人太虚伪。这种情况只会带来一种结果，那就是拒绝。因此，与其昧着良心欺骗客户，还不如直接大胆报上公司的名字。首先销售人员需要对公司有信心，因为每个公司都是市场的参与者，它的存在必有其市场需要。这种需要来自公司的相对优势，比如说，大集团的产品虽然品牌影响力强，但它的价格肯定也高，原因很简单，品牌影响力往往与宣传成本挂钩，越是增加宣传以扩大品牌影响力的，其成本越高，因此产品的价格高也是自然的。小公司的产品虽然市场影响力小，但是价格也便宜，在能基本满足客户需要的情况下可以为客户节省资金。当销售人员大胆报出公司名字时，还要向客户做一些相应的说服工作，要让客户明白这种市场关系。如果客户是价格至上的消费人群，那么这种产品正好能满足他们的需求。对那些追求品位的客户来说，销售人员可以将产品的质量和价格组合介绍让他们看到性价比，像这种以性价比优势来进行市场竞争的产品在消费者心中还是有竞争力的。这也就是说，只要销售人员能在向客户大胆说出公司名称并向客户解释了产品的优势之后，依然可以赢得大多数客户的认可。

另外，任何大公司都是从小公司发展起来的。销售人员应该对公司的发展前景充满信心，而且应该庆幸自己是在公司的创业初期进入公司的，销售人员努力对公司的贡献也要远远大于那些大公司的工作人员。所以，销售人员要以敝帚自珍的情怀来看待公司。试想，如果你把公司当成自己的家，把自己的发展和公司的发展融为一体的话，你还会因为公司的规模小而自卑，羞于向客户提起吗？这种自卑感也会导致你在客户面前心存恐惧。如果你能用信任的心态来看待公司未来的发展，你就一定会避免这种恐惧的发生。

5. 心态决定着内心的自信与恐惧，更决定拜访的成与败

销售人员在进行销售时，其内心的恐惧一种是害怕客户的拒绝。有时候，销售人员对客户的心理期望值越高，客户的拒绝对他的心理打击就越大。因为这时的销售人员就会认为，自己在这个客户身上花费了大量的时间和精力，而客户的拒绝让他的所有努力都付诸东流，一无所获。

另一种恐惧则是各种压力，比如说，同事间的竞争压力。很多销售公司都会把竞争和激励机制做得十分完备，以充分激发销售人员的激情和斗志，为公司创造最大的业绩。在这种情况下，销售人员就很容易走两个极端，那些业绩好的销售人员会越来越自信，良好的业绩带来的优厚经济回报，同事的羡慕和领导的鼓励，都能让他在面对客户的拒绝时有充足的承受力去面对。而对那些业绩不好的销售人员来说，当看着业绩好的同事得到各种奖励和回报时，就会在无形中产生一种心理压力，他们迫切想去客户那里拿到业绩，带着很强的攫取心理去开发客户，这就会影响他各方面的心态。太想取胜会让他们在客户面前尽量弱化自己的地位，也就是人们常

说的乞丐心态。这些销售人员往往会用一种卑微的心态去面对客户，希望赢得客户的同情。事实上，这种心态不但会降低销售人员在客户心目中的形象，而且会连带影响公司和产品的形象。这将更加容易导致客户对产品的拒绝。客户越是拒绝，销售人员越是没有自信，他们会认为自己的能力不足，甚至公司和产品都有问题。在这种心理暗示下，销售人员往往更容易用一种自卑的心态去面对客户，最终在一个恶性的怪圈中越陷越深无法自拔。

因此，在销售工作中要保持良好的心态，首先销售人员要相信自己，相信自己能干好这份工作，同时也要认清销售这种工作的性质。销售工作最重要的就是积累，有时候需要长时间的客户积累才能看到效果。在这个过程中，销售人员最重要的就是要保持良好的心态，千万不要因为急于出业绩就以一种卑微的方式来拜访客户，这样也会影响客户的心态，更多地拒绝你的产品。天道酬勤，只要有付出就会有回报。不可否认，销售要讲究很多的方法和技巧，但它的基础还是大量最简单的重复工作，就是去开发客户。只要销售人员开发的客户数量达到一定基数，销售业绩就会出现一个由量变到质变的过程。销售业绩才会逐渐稳定下来，而这些客户中也会有很多是自己曾经开发并拒绝过你的人。所以，有时候客户对你说不需要，只是暂时不需要。这时，你不要因为他给你的这一简单的信息就直接放弃，可以进一步问他是“哪种不需要”，如果客户是完全没有需求，才可以考虑放弃；如果客户只是暂时没有需要，就要做好记录，每隔一段时间去做一次拜访。这会加深销售人员在这些客户心目中的印象。只要他们有需要了，他们就会成为真正的客户。总之，不管客户的需求度如何，销售人员都要把前期的工作做到位，要把产品向客户介绍清楚，并尽量拿到客户的联系方式或让客户接受你的名片。只要你将这些工作做到位了，就算完成客户积累的任务了。

在这种前期的客户拜访中，不管客户给销售人员的是什么样的答复，都要对这次拜访有一个积极的评价，坚信这样开发是有收获的。只要客户有需要，随时会来找你。在这种心理作用下，你能以积极的心态来面对客户的拒绝，也会尽量降低你在拜访客户时的恐惧心理。中国有句古话：“无欲则刚。”销售人员不要一开始就带着直接签单的心态去拜访客户，太重的功利心，会使销售人员背负巨大的压力，如果总想用各种方式尽快将客户拿下，总想着客户会在哪一个环节向自己发难，害怕自己会在哪方面犯了什么错误，最终一定会导致失去这个客户。这样会加重销售人员的恐惧心理，这就是心理学上的贝尔效应。事实上，对于销售人员来说，这种恐惧心理是不可能完全克服的，只是轻与重的问题。只要销售人员带着目的性去开发客户，就一定会在意它的结果，也就会或多或少对客户的拒绝产生恐惧心理，这种恐惧心理的轻重将决定你能否成为一个好的销售人员。

除了主观上用积极的心态来面对客户的拒绝，销售人员还要理性地分析自己为什么会被客户拒绝。很多人会认为，客户对产品的选择上有充分的权利，买与不买不是销售人员能左右的，只要将前期的拜访工作做完就行了，其他的就只能看客户的了。当然在这个过程中，客户的意向会对销售人员是否能开发成功起决定作用，但销售人员在这个过程中起到的作用也是不可忽视的。如果销售人员能正确认识这种关系，保持良好的心态，将自己的实际工作做好，就很有可能影响客户的决定。

另外，大量的客户资源可以帮助你尽量降低恐惧心理。如果销售人员手中有大量的有效客户资源，当客户向销售人员提出各种质疑时，销售人员可以尽量向客户讲解，也要尽量控制情绪，在心中告诉自己：“没有关系，我还有很多客户，他只是其中的一个。”在这种心理作用下，销售人员就会以一种平常心来面对客户。销售人员的能力将得到更好的发挥，在销售人员向客户解释时，销售人员是平静而自信的。这种心态也会感染客户，让他对你充满信心，在这种氛围下更容易促成交易。

克服恐惧最重要的就是以什么样的心态来看待客户的拒绝。对销售人员来说，如果能以正确和积极的心态去看待客户的拒绝，那么客户的拒绝也不完全是坏事。首先销售人员要把拒绝当作自己销售工作当中必须要经历和面对的事情，只有经历了拒绝才能让自己不断成熟和成长。现在的客户拒绝是为以后的成功做铺垫。正是因为客户的拒绝，才会让销售人员尽早发现自己工作当中的不足，并加以改进。另外，过多的客户拒绝也会促使销售人员改变寻找客户的方向，让销售人员更加准确地寻找有需求的客户，从而提高成功的概率。

6. 好的包装将帮助你战胜恐惧

很多销售人员的恐惧源于自己在客户面前的弱势。很显然，现在客户已经成为买卖双方之间的优势一方，手中握有充分选择权的客户对整个销售活动的成败拥有“生杀大权”，这种决定权可以说是造成销售人员产生恐惧心理的主要根源。因此，要改变这种因素给销售人员带来的心理恐惧，销售人员就需要学会用各种方法来包装自己，只有让客户尊重和信任的销售人员，双方的交流才会有更轻松融洽的气氛，销售人员才能从最大程度上消除恐惧心理。

佛靠金装人靠衣装，衣着服饰是人们最直接也最实用的包装方式。也是销售人员重要的销售工具。随着整个社会的生活节奏越来越快，人和人之间的距离感也在不断拉大。在快节奏的生活环境中，人们很难花费大量的时间来了解陌生人，发掘你内心深处的内涵。尤其对客户而言，产品才是他们最终的了解对象，他们觉得自己该花更多的时间在产品上，而不是在销售人员身上。因此，客户对销售人员很容易以貌取人。人与人之间的交流也往往通过衣着服饰方面对对方形成第一印象。客户了解产品是从销售人员开始的，销售人员的形象就是产品的外在反映，就好比是所销售商品的外包装。如果包装纸粗糙，里面的商品再好，也容易被人误认为是廉价商品。消费者会想："这样的公司怎么能生产出好产品，我买的商品会有保障吗？"在客户因为衣着服饰问题对销售人员产生轻视甚至怀疑的情况下，销售人员就会因为客户对自己或者所销售的产品的不信任而产生恐惧心理，这样带来的后果就会形成恶性循环，客户越是怀疑销售人员和他推销的产品，销售人员的恐惧心理就越强。最后，销售人员可能会像做贼一样在客户鄙夷和怀疑的眼神中逃命似的跑掉。一旦出现这种情况，不但会让销售人员的这次拜访铩羽而归，甚至会给他留下心理阴影，长期下来就会影响这名销售人员的心态，让他在以后面对客户时产生恐惧心理。因此，想要成为一名销售精英，就必须杜绝这种情况的发生。销售人员应先树立自己的形象，先对自己进行包装。

首先，不论穿什么样的衣服，一定要干净、合体，这是最重要的。干净、合体的衣服会给人清爽的感觉，容易给人留下好印象。作为一名销售人员，必须要给客户一种职业感，这种职业感除了用职业装来体现之外，对普通着装也有要求。即与周围环境保持一定的适应性，这样就更容易赢得客户的信任。人总喜欢和志同道合的人打交道，在对销售人员不了解的情况下，客户会下意识地从最明显的地方来判断销售人员。所以很多时候，销售人员的第一印象往往来自他的着装。

除了着装外，销售人员的外观、精神面貌和言谈举止都可以成为包装自己的元素。以外貌为例，如果小伙子长得帅气、小姑娘长得漂亮，那么毫无疑问更容易赢得客户的好感。就像飞蛾有趋光性一样，人类有很强的"趋美性"，就如人们常说的，爱美之心人皆有之，这种爱美心理不仅仅是针对本人的美，更是对美好事物的欣赏。销售人员如果能在客户面前展示出自己的美，将会给客户带来巨大的视觉享受和心灵愉悦。有科学家经过论证指出，如果一个男人长时间注视美丽的女子，可以让他心境平和、身心愉悦，这样的人往往可以活得更久。可想而知，美丽的外表会对人产生十分积极的影响。客户也会因为销售人员俊朗或姣好的外貌对其产生好印象，更加愿意和他们交流。因此，那些相貌好或注意个人形象的销售人员更容易从客户那里得到机会。

另外，精神面貌也是销售人员包装自己的重要方向。当一个销售人员用精力充沛、乐观自信的精神面貌和客户交流时，客户也会有如沐春风的感觉，会不自觉地被销售人员的精神所感染，同时也会连带对公司和产品产生好感。如果销售人员在和客户交流时举止得体、彬彬有礼，客户也会受你的影响，即使因为没有需求而拒绝，也是礼貌地拒绝。这种拒绝方式给销售人员带来的挫败感也是很小的，会尽量减少在以后的拜访中因客户拒绝的风险而带来的恐惧感。

此外，销售人员最重要的包装方向还是专业知识，在衣着服饰等方面赢得客户的初步肯定之后，接下来与客户之间的交流才是整个销售过程中最核心的环节，就是产品信息之间的交流。这也是客户最关心的问题，因为涉及客户实际利益的问题。试想，如果客户在和销售人员交流时，销售人员一问三不知，连产品的优势都凸显不出来，甚至连产品的基本信息都不能表达清楚，客户会相信你和你带来的产品吗？他可能会觉得你这个人华而不实，那么你前期用其他的包装给客户留下的好印象就会被打破。这时，销售人员在专业知识方面如果太过欠缺的话，就会产生严重的自卑心理，在这种心理下，销售人员和客户交流时理所当然会产生恐惧心理，这样就会对销售带来致命的影响。如果能通过不断学习总结，对产品的各方面信息乃至行业信息都有全面的认识，就可以借此把自己包装成一个产品和行业的专业人士。哪怕客户的地位再高，需求再大，他都会尊重你这样一个“专家”的。

销售人员在销售过程中，尤其是对客户进行陌生拜访时，要懂得用各种方法来包装自己，才能赢得客户的信任和尊重，双方建立在这种基础之上的关系才会尽可能地平等。在这种销售环境下，失败风险、自卑心理等不利因素带给销售人员的恐惧心理会大大降低，因为这种环境下不利的销售因素是最小的。通过各方面的包装，不断提高销售人员在买卖双方之间的地位，而地位的提高就是销售人员克服自己在销售时产生恐惧心理的最有利条件。

7. 打有准备之仗可以有效缓解你的心理恐惧

在通常情况下，造成销售人员心理恐惧的主要原因是来自对销售过程中发生的不确定性给自己带来的不利影响。销售人员要想尽量降低这种不确定性给自己带来的心理恐惧，就必须做好充分的心理准备，并且事前对相关的应对措施进行预演，如果销售人员能把这些平时看起来大有威胁的问题很好地解决了，那么心理恐惧就会大大降低。比如，当客户提出一个难题时，销售人员心里暗喜：“终于来了，我早就准备好了！”在这种心态下，销售人员就能保持自信的心态。将自己培养成一名“问题解决大师”，还能让自己因为很好地解决了客户提出的难题而大大提升自己的销售业绩，尝到甜头后，销售人员不但不会再恐惧这些平常销售难题的不确定性，甚至还会希望这些难题的出现。所以说，销售前的过程演练和难题的解决预案能够大大降低销售人员在销售过程中的不确定性。

事实上，在销售开始前，销售人员有很多需要提前做的准备工作来防止自己在开展销售过程中产生恐惧心理。对未知情况的准备，或者有可能出现的突发情况的准备，可以帮助销售人员做到有备无患，处变不惊。另外，销售人员还需要在销售前给自己强大的心理暗示，这种心理暗示可以对自己进行鼓励，从心理上对销售这份工作有正确的认识，对降低自己的心理恐惧很重要。很多销售人员在销售时有强烈的恐惧心理，是因为对销售这份职业没有正确的认识。他们在销售过程中常常会遇到这种情况，就是销售人员还没说话客户就直接来一句："是推销的吧，不好意思我不需要，谢谢。"这种遭遇对销售人员来说无疑是一个利益和精神的双重打击，最容易让销售人员产生恐惧心理。因此，销售人员必须正确看待销售这份工作。首先，销售人员是商品流通市场中的搬运工。一种产品从生产出来到每一级代理商，最后进入千家万户的消费者手中，其实都是由销售人员来完成的，所以它无疑是一份伟大的职业。销售人员只有认识到这一点，才有充分的自信来从事这份工作。这种自信是一种内在的信念，而不是外在的表现。当销售人员从心底表现出对这份职业的认可时，销售人员才能有充分的自信来面对客户的质疑。销售也是一份很有前途的职业，福布斯全球亿万富豪榜中，很多富豪也都是从销售做起的。在销售领域，销售人员被认为是在为自己打工，因为在这个社会中，很多职业都是做着固定的工作，拿着固定的工资。而销售人员就不一样，多劳多得是销售工作的特点，也是销售工作最吸引人也最锻炼人的地方。正是这种薪资制度让销售人员不断地去努力、去提高。很多销售精英会认为这是在为自己打工，只不过自己的提成比老板拿得少一点而已。这种上不封顶的薪资模式让很多人把它当成是自己的第一次创业。在他们看来，这份工作带来的回报几乎是无限的，因为在销售领域确实涌现出了很多成功的案例，激励着千千万万的销售人员不断努力，希望成为前辈那样的销售大师。销售不但能让其中的成功人士获得可观的收入，还能锻炼他的工作能力。所以，销售人员只有把销售当成是在为自己工作，这份工作是伟大而有前途的，就能最大限度承受销售过程中客户的拒绝，恐惧心理也会大大下降。

另外，销售人员在销售工作开展之前也要对销售工作的艰巨性有充分的认识。销售工作，尤其是上门拜访的销售工作，是最艰难也最容易遭受拒绝的。这种方式的销售的可信度比那种坐点式的销售要低得多，因为它无法给客户展现出一种稳定和全面直观的销售形式，这种形式也是客户对上门拜访的销售人员产生怀疑的主要原因。所以说，销售人员应该用平和的心态来看待客户的拒绝，要正视这一正常现象。一个没有经历过无数次客户拒绝的销售人员是很难成为销售精英的，客户的拒绝反而会帮助销售人员反省自己、提高自己。可以说，正是因为有了无数次的客户拒绝，销售人员才能发现自身的不足，通过不断改进，成长为一个优秀的销售人员。当客户向销售人员提出难题，销售人员因为没办法解决而被拒绝时，应该庆幸自己又学到了新的知识，应该感谢客户帮你指出了工作中的漏洞和能力上的不足，或者从客户的拒绝中分析出自己应该改进的地方，然后就是庆幸："还好及早发现，应该感谢这位客户。"

所以，销售人员在销售工作开展之前必须要有充分的行动准备和心理准备。充分的准备将帮助你以自信自豪的心态开展销售，并以平和的心态面对拒绝，前期的准备工作也能帮助你解决好客户提出的各种难题。在这种情况下，客户的难题不但不能将你拒之门外，客户可能会因为你能很好地回答他提出的问题而购买你的产品。所以，只要做好充分的思想和行动准备，销售中的不确定因素不但不会给你制造麻烦，还能成为你在同行中脱颖而出的制胜法宝，因为很多没有做好准备的销售人员都会被客户的问题弄得猝不及防狼狈不堪，最终只得狼狈逃窜，并对这些销售心生恐惧。

第三步

高效沟通

——通向成功的快车道

当今社会是一个信息爆炸的社会，每个人从早到晚都要主动或者被动地接收各种各样的信息。但真正有价值的信息却并不多，因为很多信息都没有得到有效的传递。如果客户认为没有从接收的信息中得到有效的价值，这些信息就会被自然地过滤掉。有效沟通是人与人之间实现信息沟通的重要前提，在当今社会生活节奏越来越快的情况下，人们需要快速地从各种信息中分析出有效信息，并对相关信息做出反应。作为销售人员，在对客户进行拜访时，有效沟通是必要的前提，只有和客户进行有效沟通，销售人员才能和客户实现信息交换，但要做到有效沟通就需要销售人员具备一定的能力，有针对性、目的性地去和客户进行沟通。首先是要向客户准确地传递产品的相关信息，因为客户只有了解了产品的相关信息，双方的沟通才是有效的。如果连产品的信息都没有让客户了解清楚，那么其他的交谈都是没有价值和无效的，客户有可能在更多地了解到信息之后随时改变主意；其次是要注意倾听客户的需求和想法。毫无疑问，客户是整个销售过程中的优势方，只有充分倾听客户的想法，尽量满足客户的要求，销售人员才能有针对性地和客户进行沟通。这样客户才有可能购买产品。另外，作为陌生拜访这种客户开发的方式来说，销售人员必须尽量为双方的沟通创造一个良好的氛围。只有在轻松友好的氛围中，双方才有可能坦诚相待，沟通才能更加有效。总之，有效沟通是销售人员成功拜访客户实现销售目标的快车道。

1. 将产品信息准确地传递给客户才能做到有效沟通

销售人员在对客户进行陌生拜访的过程中，最基本也是最核心的沟通内容肯定是产品的相关信息。首先从客户方面来讲，产品的相关信息关系着这种产品能不能满足他们的需求，他们能不能从这次交易中获得利益。所以说，产品信息是客户最关注的问题，也是他们核心利益所在。在没有获得明确的产品信息的情况下，客户很难下定决心购买产品。每一个客户都是产品信息的弱势方，所以他们希望尽可能多地了解，以便对产品是否值得购买进行判断。

作为销售人员，向客户传递产品信息是他们最基本的职责，也是销售人员必须具备的基本能力。试想，如果销售人员连产品的相关信息都介绍不清楚，客户怎么可能买你的产品呢？你又怎么可能做好销售这份工作呢？如果不能对产品信息有一个全面的了解，销售人员不能向客户介绍清楚，客户问起来一问三不知，不但不能向客户成功销售产品，甚至连客户的前期开发都成问题。

销售人员在对客户进行陌生拜访时，首先要做的就是要通过产品的信息来吸引客户，以获得和客户继续交流的机会。从沟通的效果来看，只有在客户对产品信息充分了解之后，双方达成共识才可能是有效的。这要求销售人员在对客户进行陌生拜访时，应该事先对产品的相关信息进行详细的了解，这样才能在介绍产品时有话题可讲，让客户清楚地了解产品信息，为客户认可产品提供帮助。另外，能清晰地介绍产品也可以帮助销售人员在客户面前树立良好的形象。客户会认为你很专业，至少你是一个合格的销售人员，你在销售之前做好了充分的准备，你在用心地从事这份工作。这样一来，客户也会认为他受到了尊重，这对客户来说，无疑是一个购买产品的很好的鼓励。

产品的信息主要包括产品的性能、价格和品牌市场影响力等等。另外，生产产品的企业也是产品信息的一个方面。很多客户都会形成这样一种惯性思维，那就是好的产品一定是好的企业生产出来的。所以，如果你的公司是一家有市场影响力的企业，那么客户就可能把它当成是一个很重要的信息，甚至成为客户购买产品的重要依据。这比销售人员在客户面前说很多没有用的话要有效得多。在对客户介绍产品信息时，也不要一味干巴巴地介绍，必须掌握方法。在介绍产品信息时，“功能 + 利益 + 证实”的产品介绍法是销售人员最常用的介绍方式。在介绍产品的时候，销售人员犯得最多的错误是过多地介绍产品的构成、材料、程序等，也就是过多地讲产品自身。销售人员认为对产品介绍得越多，客户的购买欲望就越强烈。其实不然，客户不会因为产品是什么而去购买，而是因为产品能为他做什么才去购买。客户不是因为那个东西是黄金和钻石加工在一起而去购买钻戒，他是想购买一种成功和富有的象征；客户也不会因为那快门闪过后里面发生的奇妙变化去买相机，而是因为要捕捉珍贵的一瞬间且永远拥有它才去买。也就是说，销售人员在介绍产品时，应该突出产品的功能给客户所带来的现实生活的帮助，这样就更容易引起客户的好感。

首先要明白，销售人员向客户介绍产品是为什么？其次就是要明白，向客户介绍产品有什么作用？能满足客户什么样的需求？最后要向客户重点推荐产品所具有的功能能给客户带来什么利益？在介绍完这些产品信息之后，销售人员还应该向客户证明自己所说的利益是真实的，为之后的材料、程序、工艺等某些具体细节的介绍打好基础，为销售人员前面的宣传口号提供佐证。

例如，一个推销化妆品的销售人员，他向客户介绍产品信息的程序应该是这样的：首先介绍的是化妆品的名称，它叫什么；其次介绍的是它的功能，它能起到祛斑增白的效果；接着是使用产品能给客户带来的利益，它能在半个月内让客户祛除脸上的浅斑，重塑美丽容颜；最后就是为前面的介绍提供佐证，因为这种化妆品是用什么材料、什么工艺生产出来的……

在推销技巧中，销售人员要注意，对产品信息的介绍要因人而异。不同的人群因为收入水平、生活习惯、消费品位等各有不同，他们关注的产品信息的侧重点是不同的。所以，销售人员在前期的资料收集和沟通时的信息收集中，一定要对客户的消费习惯进行准确的判断，以帮助你在介绍产品的信息时能符合客户的口味，突出产品的优点。销售人员将对哪些功能和利益进行重点介绍，这就需要销售人员运用一定的推销技巧，比如提问的技巧、观察的技巧，先了解客户看重哪些方面再来介绍，而不是眉毛胡子一把抓，把所有的东西一股脑儿地介绍给客户。

很多人认为产品的销售技巧一定很复杂，因为每一种产品都包含着大量的专业信息，客户一定要详细了解产品的方方面面才会购买。但有经验的老销售人员证实，在他们进行产品介绍的时候，根本没有那么复杂，他们会根据经验和推销技巧判断，然后根据客户感兴趣的地方进行重点介绍，“集中火力”将客户拿下。很多时候，销售人员只要告诉客户，产品是什么，它有什么功能，能给客户带来什么好处，再证明说这些话的根据是什么就行了。这种产品介绍法，是很有用的推销技巧，正确使用的关键就是产品信息的介绍必须从客户最关心的方面谈起。

产品的信息是否能准确地传递给客户，决定了能不能将产品的优点展示在客户面前，而产品的优势又是客户购买产品的最重要的原因，所以销售人员在和客户沟通时，应该在有限的时间内进行有效的沟通，客户才能在有限的时间内听到他们认为有用的信息。他们才会对产品提起兴趣，并根据销售人员介绍的产品信息来判断是否应该购买产品。这就要看销售人员能不能将产品的信息介绍清楚，用什么样的方式来介绍了。不管客户最终是否会购买，销售人员只要能把产品信息传达给客户就达到沟通目的了，这样的开发不一定会是一次成功的开发，但一定是一次有效的开发。可以说，有效的沟通，能对产品是否交易成功起到决定性的影响。

2. 成为客户知心的倾听者是有效沟通的前提

销售人员在对客户进行陌生拜访时，必须要注意和客户交流的形式。首先销售人员必须要明白的是，客户才是销售过程中的主角，销售人员必须要让客户觉得他们的需求得到了满足，他们的想法得到了尊重。只有在这种情况下，拜访才可能成功，销售才有可能完成。因此，销售人员在和客户进行交流沟通时必须倾听客户的想法，首先要从客户那里了解到他们的消费习惯、消费能力、对产品的需求等，这些都是必须要在产品中有所体现的，销售人员只有将这些相关因素与客户联系到一起，客户才会觉得这件产品是适合他们购买的，能满足他们的需求。事实上，每件产品都是事先生产好的，但是在销售人员口中，每件产品都应该是专门为客户量身定做的，除了良好的表达能力和对产品的全面了解外，最重要的就是要注意倾听客户的意见，从客户释放的信息中看出蛛丝马迹，并针对客户的具体情况展开销售，这样销售人员在产品的讲解等方面就会更加具有针对性，客户的兴趣也会被调动起来。这样双方沟通才是有效的。如果销售人员不懂得倾听客户，一上来就用自己的三寸不烂之舌对客户一顿狂轰滥炸，那么哪怕你说得再多，客户也不会买你的账。因为随着市场经济的不断发展，客户的购买心理越来越成熟，也越来越理性。他们的购物除了满足自身需要，还希望能够在购物的过程中享受到心灵愉悦的体验，因此，他们希望自己的想法和利益得到尊重。如果销售人员一味地站在自己的立场上思考问题，就很容易引起客户反感，客户认为你没有尊重他。这样的推销方式，销售人员付出再多也难以取得效果，因为他与客户之间的沟通是没有什么效果的。

那么，销售人员倾听客户谈话时，应该注意哪些方面呢？首先当然是通过客户说话的内容中对客户的信息进行进一步的了解，比如说，客户从说话中体现出的个人修养和脾气喜好，另外还应该注意对客户进行引导性交流，除了客户自己说出来的一些信息和想法，销售人员还应该对客户进行引导，以便向客户渗透更多的关于产品的信息。销售人员要树立正确的态度，倾听客户意见，了解客户的愿望并不是在给自己的销售找麻烦，相反，它能帮助销售人员与客户进行更加有效地沟通。

在现实的销售过程中，销售人员对客户的开发一定要从倾听客户心声开始。这一点很多销售人员做得并不好，虽然很多销售人员跑得勤、说得多，但真正倾听客户心声却很少。有的销售人员认为客户都是我们的老朋友了，自己对客户的需求已经了然于胸了，没有必要倾听了。到客户那里要么是寒暄几句，要么就说“我们最近又开发了一套新产品，我给你介绍一下”，却很少站在客户的角度，走进客户的心里，去帮助他们发现问题，解决问题。不能让客户体察到价值和满意，客户是不会购买产品的。

用心倾听客户，能够更多地了解客户对产品的看法，了解客户的意图，在客户有需求或者有足够的消费能力的情况下，销售人员才能进行下一步的工作，才能做到有的放矢。如果没有在客户的需求上做到切实沟通，力争信息的准确性，那么销售人员可能会做很多无用功。这样，客户开发起来效率就会很差。很多销售人员拜访了大量客户，到头来一个都成不了。原因就是没有和客户进行有效的沟通，客户的很多关键问题并没有得到解决，一些要求也没有答复。有些销售人员喜欢回避客户的话题，当客户提出要求时，销售人员就开始打马虎眼，绕开话题或直接忽略客户，以为这样就能给自己省去麻烦，这样表面上看起来没有麻烦了，但这种销售方式是难以获得成功的。客户在购买产品前，心理上是会有一个预期的，这个预期也是他们购买产品的原因所在，因此销售人员必须在这方面尽量满足客户。但满足客户并不是迁就客户，他的所有要求都无条件答应，肯定会损害公司的利益。销售人员需要做的是根据产品的真实情况给客户一个明确的答复，把产品的真实信息摆在客户面前，让他们去判断和选择，不要因为不能满足客户的要求而虚与委蛇，不和客户做正面对接，或者为了推进销售进程给客户许下虚假承诺。这种方式对获得销售成果的可能性也很小，反而会让客户觉得你是在敷衍和欺骗他们。现在的客户的消费心理越来越理性了，他们的核心问题没有得到实质性的解决，肯定是不会购买产品的，销售人员即使把销售进程往前推进也没用，因为这样的销售本身就缺乏基础。而销售人员如果不能认识到倾听客户的想法和意见的重要性，一味地认为把销售环节往前推就能解决遗留问题是完全错误的。这样导致的后果就是销售人员可能一直都在做着无用功，而自己还认为销售马上就要取得成功了，当销售失败后，就会给销售人员的信心造成严重的打击。销售人员只有在有效沟通的状态下，销售工作的根基才能更稳固，客户的心态也才能更稳定，这样出现反弹的机率就要小得多。

另外，倾听客户容易和客户建立良好的关系。事实上在现实生活中，任何人都喜欢别人成为自己的宣泄对象，当销售人员用心倾听客户的想法时，客户就会产生一种愉悦感。对销售人员也会充满感激，至少会对销售人员的服务态度表示满意，他们会更愿意和销售人员坦诚相见，同时对销售人员推销的产品持一定的宽容态度，这也会对销售人员的成功销售带来有利条件。因为客户向你提要求说想法无非就是为了维护自己的利益，在对销售人员有认同感甚至建立私人关系的情况下，感情因素可以很大程度上冲淡客户的获利心理，他们也会在要求得不到满足的情况下，因为销售人员的良好表现而对卖方表现出一定的宽容态度。因为在现实的交易中，买卖双方的矛盾是不可能完全调和的。作为客户，他们总希望用最少的钱买到最好的产品，而在价值杠杆的作用下，这种情况几乎是不可能实现的。双方要想达成交易，就必须调和这种矛盾，而在实质利益不能退让的情况下，销售人员唯一能做的就是通过有效沟通让客户明白产品的价值，并让客户清醒地认识到现实中的市场状况，改变他们原有的意识，为产品的顺利销售奠定基础。

3. 用客户感兴趣的话题让沟通变得有效

销售人员对客户进行陌生拜访时，怎样从客户那里赢得沟通的机会开展销售是一个关键性问题，它决定着销售人员能不能取得拜访和销售工作的成功。作为陌生拜访这种销售方式，刚开始的时候，客户对销售人员的提防心理肯定是很强的，客户甚至还会产生很强的反感，可能是碍于情面才给对方说话的机会。他们可能会从心理上预设一个时间，如果销售人员不能在这个很短的时间内引起对方的兴趣，客户就很有可能找个理由阻止其继续说下去，这也就意味着这次的拜访活动宣告结束。所以，一个销售精英的能力就在于能够在客户允许的时间内，用客户感兴趣的话题来为自己接下来将要进行的销售工作赢得机会。

事实上，很多销售人员并没有用有效的说话方式或者内容作为自己拜访客户的开场白。很遗憾的是，很多销售人员都没有去考虑怎样把有用的内容变成实现与客户有效沟通的工具。因为在客户看来，那些一上来就用干巴巴的销售“老三句”（我是某某某，来自某某公司，我们销售的是某某某产品）和客户进行开门见山式沟通的销售人员，从他们口中说出来的都是陈词滥调，毫无新意、毫无特色。很多客户已经听了很多遍了，脑子里已经形成了一种条件反射的排斥意识，很多客户可能会因为这种贸然拒绝而错失一些好的产品，但是这也不能完全怪客户，为什么销售人员不能主动为双方的沟通创造一个良好的环境，用客户乐于接受的方式说一些客户感兴趣的内容呢？很多销售人员常常会碰到这样的情况，还没等自己介绍完产品呢，客户就直接拒绝道：“我们不需要。”然后在心里埋怨客户做事太武断，太主观了。这个时候，销售人员往往不会在自己身上找原因。有些销售人员可能会说：“大家不都这样吗？”现实确实如此，不过话又说回来，随大流只能让自己变得越来越平庸。如果在客户面前能以一种让他们感到耳目一新的沟通形式来进行交流，客户肯定会另眼相看的。这样的沟通才是有效的，在这样有效的沟通下，客户也会对产品充满好感和好奇，这就为销售人员的销售工作提供了一个有利的平台，完成成功销售的机会也会大大增加。一个好的开始是成功的一半，所以，销售人员如何使用客户感兴趣的开场白直接决定着后期沟通的有效性。

在拜访客户的过程中，销售人员面对陌生客户介绍产品是必不可少的环节。怎样把产品的信息用客户感兴趣的方式介绍给客户，是拜访能否成功的重要因素。掌握好的产品介绍技巧也是产品能否实现成功销售的关键。比如说，销售人员在向客户介绍产品时，可以重点突出产品可以给客户带来什么，或是凸显自己产品的价格优势。因为很多时候，上门推销的产品都会比店面直营的要优惠一些，价格虽然对客户有很强的吸引力，但另一个不能忽视的问题就是，客户还会关注其他方面，比方说产品的质量。原因很简单，销售人员用这种上门拜访的方式来推销产品，客户会对产品的质量感到担忧，因为客户面对的是销售人员，对销售人员背后的企业是模糊的。一旦产品出了质量问题，客户可能会面临索赔无门的境地。因此，销售人员向客户介绍产品时，应该着重突出产品的质量，并做好充分的准备工作，为赢得客户的信任奠定基础。作为销售人员首先要明白，产品的质量肯定是客户最关心的问题。如果，在客户还没有对产品质量产生信任的前提下，就大谈产品的价格如何便宜，可能会加剧客户对产品质量的担忧。这时候，销售人员所认为的产品的竞争优势可能就会成为一种劣势。在客户看来，销售人员凸显的价格优势反而坐实了他们认为的质量问题。过于夸大一面，其实就是在掩盖另一面。随着消费者收入的不断提高，客户已经越来越追求生活质量，产品质量的好坏已经成为客户选购的重要因素。所以作为以陌生拜访这种销售方式进行推销的销售人员来说，如何让客户认可产品的质量才是最重要的。因此，销售人员首先要将产品质量方面的信息介绍给客户，赢得客户对产品品质的认可。其次才是产品的其他信息，这样沟通起来才能更有效。

在人与人之间进行交流时，每个人都喜欢聊自己感兴趣的话题。感兴趣的话题是双方沟通交流的动力所在，如果双方聊得索然无味，就很难达成什么共识，甚至对加深关系也毫无帮助。在销售中，一般情况下，客户是不会立即对产品产生兴趣的，如果销售员在刚开始接近客户时就滔滔不绝地谈论产品与销售的事情，往往会引起客户的抵触与反感。相反，如果销售员能够与客户聊他们感兴趣的话题，则可以使谈话的气氛充满生机，使客户觉得找到了知音，让客户产生亲近感之后，销售员再谈销售的事情就相对容易了。

客户感兴趣的话题可以是关于产品的某一方面，也可以是客户感兴趣的题外话。这些都需要销售人员通过前期对客户相关资料的整理来做预案，也要求销售人员在和客户见面和沟通的过程中多留意从各方面捕捉相关信息，以便谈起客户感兴趣的话题。如果没有掌握到客户什么有价值的信息，销售人员也可以主动引导客户透露出他们感兴趣的信息。总之，销售人员在第一次拜访时并不需要在客户面前表现得太过职业，那样会让客户觉得这个人十分功利，作为一种相对平等的买卖关系，太过功利会招来客户的厌烦，不利于销售人员工作的开展。

王军是一名保险销售员，有一次他去拜访一个客户，客户是一位很有威望的教授。走进教授的办公室后王军才发现，他是一位严肃刻板还带点骄傲的老头。教授对王军冷冰冰的，他说在王军以前已经有很多卖保险的拜访过他了。教授本来是想给他儿子买一份保险的，不过他对前面拜访过他的那些销售人员并不满意，认为他们没有向自己提供较为完善的保险计划。他们总是一味地说买保险这好那好，问他们详细问题时又都答不上来。见面后，教授细致地介绍了他目前的保险安排和为了适应环境变化所作的调整计划，并问了很多技术性问题。王军觉得，教授问这些问题的目的并不是想知道答案，而是在考查他专业方面的知识。这位销售员屡次想把他们的谈话引入正题，但教授根本不给他这个机会。销售员觉得自己是在浪费时间，对这次会面不抱什么希望了，于是准备告辞。这时他看到教授家里贴着各种奖状，而且还有知青模样的照片。王军就开始留意这些奖状，并称赞教授在工作中做出的成绩，教授态度有所缓和，之后王军顺势和教授聊起了知青，因为王军是一个文学爱好者，看过很多关于知青的书，于是就向教授了解知青的生活，并将书中看到的内容进行求证。教授深情地回忆起了自己的知青岁月，再加上王军在这方面确实有很多的了解，所以两人聊了很久，最后教授还把他岳父的照片拿给王军看。王军是个历史迷，这些照片他看得津津有味，不知不觉两人又聊了两个小时，这两个小时里王军一句都没有提到保险，但在王军将要告辞的时候，却意外地从教授那里获得了一张保单。

从王军的经历中可以看出，他之所以能够从客户手里拿下这张保单，就是因为他无意间聊起了客户感兴趣的话题，通过交谈使双方的氛围变得融洽，教授对王军的信赖感也随之产生。这样，成交就不再是什么难事了。所以说，销售员王军的这张保单是因为客户感兴趣的话题带给他的。

总之，只有客户对销售员所说的话感兴趣，他才会重视起来。所以在“销售产品”这道正餐之前，不妨先给客户准备一道开胃菜——谈谈客户感兴趣的话题。销售员可以事先对客户进行调查，充分了解其兴趣爱好。另外，销售员在谈论客户感兴趣的话题时一定要分清场合并找准时机。如果是在比较严肃、正式的场合就不适合了，不过这时可以用对方感兴趣的利益问题来吸引对方。而即便是与客户聊他感兴趣的话题，也要时刻关注客户的表情，当客户感到厌烦时，要立刻停止交谈。只有这样才能确保销售人员和客户的有效沟通，对实现销售起到促进作用，否则，销售人员聊得再多再专业，只要客户不感兴趣，销售人员也是白费工夫，空忙一场。

4. 有明确目标性的沟通才是有效沟通

任何人做任何事都需要目标，如果没有目标作为成功与否的参照，那么做起事情来就没有重点，也没有动力，一个没有目标的人也很难做出成绩来。目标是检验人们是否成功的最重要参考依据，在做事的过程中，目标能够帮助人们理清思路、制订计划，例如，一个大型工程必须要有多个步骤才能完成。一般情况下，工作人员在实施这个工程之前要设定一个目标，这个工程应该达到什么样的效果，起到什么样的作用。然后以这个目标来分阶段进行施工，每个阶段的施工也应该有个小目标，这些目标也是以工程的总目标为参考依据的。一个伟大的工程肯定是循序渐进、一步步建设起来，产品的成功销售也是通过积累来完成的。销售人员在开展销售工作时有目的地进行沟通指导，并根据总的目标，来实施相关的步骤，确定每个步骤应该达到什么样的目标，在这些目标的指导下，销售人员可以对沟通的方式和内容进行选择，知道每个阶段应该说什么样的话。对此，很多销售人员常常会苦恼："我对陌生客户进行上门拜访，首先需要弄清楚分几个阶段进行。"其实这是每个刚进入这个领域的销售人员都会遇到的难题，甚至一些熟练的销售人员也有可能在和客户交流的过程中出现"越级"的情况，把应该是下一阶段的话题提前放到这个阶段，大多数情况下会引起客户的不满，给销售工作带来不利影响。所以说，销售人员在开展销售工作前，要制订明确的计划，分步骤完成销售工作，确定在每个阶段应该达到什么样的目标，和客户沟通时应该交流哪些内容等，只有这样销售工作才能做得有条不紊，只有根据这些目标来确定和客户沟通的内容，才能保证这些沟通的有效性。如果"子时说卯话"，就算不给销售带来反作用，也会让沟通的效果大打折扣。

比如说，销售人员在对客户进行陌生拜访时，首先要做的就是取得客户的信任。客户在面对陌生的销售人员时，最关注的是销售人员这个人值不值得信任，然后才是销售人员的产品。所以，销售人员在推销产品之前，赢得客户对自己的好感很重要。除了自身的表现，比如语言、外表、精神面貌等这些第一印象，销售人员还需要通过投其所好来与客户建立良好的关系。当然，销售人员也可以通过产品的介绍来增强自己的形象。事实上，这时候产品和个人的形象是相互影响的。如果销售人员在这个阶段不能通过沟通来达到客户对你或产品产生信任这个目标的话，你和客户所沟通的内容就是无效的，接下来的沟通也可能毫无价值。所以，销售人员要想取得销售成功就必须树立正确的目标，并在每个阶段通过各种方式实现相应的目标，只有这样才有可能通过一个个目标的积累，最终达成销售成功这个总的目标。所以说，只有在每个阶段设立的目标是正确的，并通过沟通实现这一目标，这种沟通才是有效的。

张明强是一个人寿保险的销售人员，由于是第一次拜访客户，他有些紧张，在上门拜访一个客户时，张明强简单做了介绍之后，就直接和客户说："我们这款产品有投资少、回报大的特点，只要投资 100 元钱，就可以让你获得最高 40000 元的保额。"客户随口问道："什么情况下可以获得最高保额？"张明强也照实回答："如果保险受益人死亡或者出现与死亡同等的状况就可以获得。"这时，客户的脸上露出不快，敷衍了几句，最终拒绝了张明强。

从这个案例来看，张明强并没有说错，但问题是，沟通话题的时机不对。或者说，他没有树立一个正确的目标，在不恰当的时候说了不该说的话。这些话虽然是实话，但在客户没有对你产生充分的信任和好感的基础上就说出这么不吉利的话，就会让客户觉得心里别扭，很多人潜意识里还会这么想："那时候人都死了，还要这些钱干嘛。"这时候，这个最高赔付额不但不能吸引客户，还会让客户因为潜意识的抗拒而产生排斥心理。这一方面是由于人的天性造成的，另一方面也是因为客户没有和保险人员建立更加信任的关系。就像人们经常讲的："良药苦口利于病，忠言逆耳利于行。"这句话在现实中就要分人、分场合来看。比如说，如果是亲戚朋友或关系紧密的人，听者可能会听得进去"逆耳的忠言"，能用正确的态度来看待说话人的一番好意。但如果说这种话的是一个陌生人，甚至是听者本来就有心存芥蒂的人，那么哪怕说这话的人是出于好心，也会让听者反感。

所以说，销售人员在不同的销售阶段树立正确的目标很重要，在树立正确的目标后，用合适的销售手段来实现这个目标十分重要。这样能够对销售人员的销售活动提供指导，只要努力实现每一个正确的阶段性目标，销售人员和客户进行的沟通才是最高效的，最终实现产品的成功销售的总目标也会是顺理成章的事。

5.“有笑”沟通更容易实现有效沟通

陌生拜访这种销售方式对销售人员和客户沟通的气氛提出了很高的要求。在什么样的气氛下沟通，对沟通的有效性起到了决定性作用。销售人员不能盼望每天碰到的总是那些态度好、素质高的客户，由他们给我们一个良好的沟通环境。实际上，因为彼此陌生又牵涉到自身利益，一般情况下客户都不会主动向销售人员“示好”。从客户的角度来看，一开始就和销售人员靠得太近对防范风险不利，也不利于自己在销售过程中占据主动地位。所以，销售人员面对的一般都是那种看起来一副拒人于千里之外的神情，这和客户对产品是否有需求无关，有些客户这么做恰恰是想通过这种方式来为自己在产品的购买过程中获得更大的优惠力度。所以，销售人员在对客户进行陌生拜访时，要学会积极创造良好的沟通氛围。只有这样，才能和客户在一个轻松的氛围中沟通，拉近与客户之间的关系，解除客户的顾虑心理。一个会创造轻松的交谈气氛的销售人员不管走到哪里，都会是一个受欢迎的人。

作为销售人员来说，陌生拜访工作决定了他们每天将要面对很多陌生人。出于人的自然本能，难免会感到紧张。这种不知不觉显露出的局促不安，不管是自己发出的，抑或是对方引起的，都很容易破坏对话双方的情绪，而在紧张的沟通气氛中肯定也难以实现有效沟通。因此，销售人员在面对客户时首先要做的就是消除自身的紧张感。那么，到底如何才能消除这种紧张感呢？人的紧张感并不仅仅体现在语言上。一个人紧张时，他可能从身体的各个方面都体现了出来。事实上，客户的紧张和销售人员的紧张并不是一个性质的，客户之所以紧张是带有防守性的自我保护，紧张只是为了和销售人员保持一定的距离，这种紧张并不是害怕，因为在销售完成之前，客户将一直保持优势地位。而销售人员的紧张则是一种弱势和畏惧的体现。如果销售人员让客户看出了自己的紧张，客户就会得出以下几个结论：第一，销售人员可能销售能力有问题，对自己的能力不够自信；第二，销售人员销售的产品没有什么优势，市场反响也不好，销售人员可能经常遭遇拒绝和失败，因为害怕再一次遭拒绝而感到紧张。在这种情况下，客户显然不会对产品和销售人员感兴趣，这将导致沟通的气氛更加紧张。紧张气氛下的沟通最明显的特点就是双方的交流不主动，导致双方之间更加不信任。

销售人员要创造轻松舒适的对话环境，除了事前做好充分的准备，对产品和自己的能力有足够的自信外，用幽默的语言创造气氛也是必不可少的。在首次拜访客户时，销售人员最应该做的就是与客户拉近关系。初次见面，一句幽默的话语要比那一大堆的专业销售术语有效得多。这时，销售人员要做的不是自己能在客户面前说多少话，而是要确保自己说的话能够让客户放松心态，并得到客户的认可。这样的交流才是有效的，才能给销售的成功带来帮助。

除了在语言上力求轻松随意，面部表情上也能反映出销售人员的心态。在客户看来，这甚至比语言对人的心理所产生的作用还要大。因为，人的心理活动在表情上反映得更具体、更直接，人要控制面部表情比语言伪装要难得多，所以，用面部表情来显示自己的善意更能让客户信任你。

比如说，销售人员在和客户打招呼时面带笑容、嘴角上翘、眉角上扬这个表情十分常用，往往被用来在各种场合表达善意的经典表情，客户也一般会认可。这个表情要完全达到效果还需要其他的表情来配合的，打招呼时轻轻扬眉虽然出于无心，但如果你的表情过于僵硬，或是眼神太过严肃，还是会给对方带来紧张的压力。经验丰富的精英销售知道，有一种方法可以简单地给人柔和的印象，那就是与人打招呼时，马上将眉毛轻轻往上扬。将眉毛轻轻往上挑，会让眉目之间的距离拉大些，而在潜意识里传达出“我是真诚自信地来跟你交流的，我并没有恶意，不会攻击你，我们之间的交易会带来双赢的结果”。这样既能使客户感到放心，同时也让客户用一种更加积极和平等的态度来和你沟通，这样沟通起来才会有好的效果。

当然，轻松随意并不代表毫无规范地随便。在表情的使用上也要适度，太过夸张会显得滑稽和虚假。销售人员可以事先对着镜子练习，动作不要太大，稍微为之即可。在客户对你没有完全熟悉和认可的情况下，如果在客户面前表现得太过了，反而会让客户觉得你很虚伪，或者是在故意奉承他们，这样不但调动不起轻松的氛围，反而会引起客户的反感，对你产生怀疑。

在心理学上，人对外界的心理感知被细分为很多方面。很多细微的外界状况都可能给人带来不同的感觉。比如说，销售人员拜访客户的时候，站在客户身边不同的位置都有可能会给客户带来不同的感觉。有些客户喜欢别人站在他左边，如果销售人员站在他右边，他就会有不安全感。这种感觉销售人员一般是无法感觉到的，甚至连客户都“难以名状”，但它却是真实存在，并不可避免地对沟通气氛产生影响。在客户第一次和销售人员见面时，由于彼此陌生，客户处于全面防护草木皆兵的状态，有时候第六感都有可能成为他们的决策依据。当然，作为销售人员来说，不可能在客户的情绪照顾上做得这么精细，但必须尽量做到位，这样才有可能让对方对你敞开心扉。

至于与客户见面的地点，在选择上并没有严格要求。其实，在什么地点与客户进行交流并不重要，重要的是这些地点的环境氛围最好能够相对安静和温馨，当然首先要考虑这样的环境安排是否让客户感到方便和满意。一般来说，在客户同意的前提下，销售人员不妨尽可能地选择一些不容易受到外界干扰的环境。这样既有助于双方展开充分的信息交流，也有助于销售人员按照事先设定好的销售程序顺利地展开各项销售活动，同时也有助于使客户的注意力更集中，沟通起来的效果会好很多。

很多时候，销售人员都不得不面对这样的问题，那就是与客户进行面谈的时间和地点都有很大的随机性，有时根本来不及进行恰当的安排，所以很难根据客户的需求、性格特点等选择更有助于实现成交的环境氛围。在这种情形下，销售人员难道就只能在无计可施的感慨中任由成交机会丧失吗？当然不是，当具体的沟通环境不如预想中那样适宜彼此的交流时，销售人员可以根据具体的环境特点和沟通过程中的实际情况采取相应的措施积极应对，想办法利用有限的环境寻找到更多的成交机会。面对不甚理想的沟通环境，销售人员可以通过自己的语言或行为来为双方的沟通创造一个良好的环境。比如说，销售人员在拜访客户时，客户正在为一些工作上或者家庭里的烦心事所困扰，如果销售人员能用合适的话来帮助客户解答疑惑，用幽默的语言让客户心情愉悦，客户自然就会对销售人员产生好感。这时，销售人员和客户之间关于产品销售的沟通环境就创造出来了，通过“语言改造”之后的沟通环境才能形成有效的沟通。

在销售领域，客观因素是销售能否取得成功的主要因素。但主观因素也对销售的成败起着不可忽略的影响。在商品经济日益发达的今天，“买得舒心，用得放心”已经成为消费者的共识。所以，销售人员在让客户购买产品时，必须要给客户带来一种美好的心灵体验。只有这样，客户才能乐意购买其产品。也就是说，销售人员要为沟通创造一个轻松愉悦的环境。只有做到“有笑”沟通，方能真正实现有效沟通。

6. 良好的沟通环境是实现有效沟通的基础

在现实生活中，沟通气氛也受到现场环境的影响。所以，销售人员在第一次约见客户的时候，如果和客户在一个不利的环境下进行交流的话，沟通就可能受到干扰，从而影响沟通的效果。此时，销售人员可以根据周围环境的实际情况尽可能地选择一个相对安静的空间，或者将客户带到尽可能远离干扰因素的环境中。选择一个不易受外界干扰的环境，对于销售活动的顺利开展和成交的顺利实现都具有十分重要的意义，销售人员在约见客户的时候要特别注意这一点，如果在约见过程中无法把握这一点，那么就要在拜访客户的时候尽可能地创造一个远离外界干扰的交流环境，这既是对客户的尊重，也是对实现交易的一种积极促进。安静和舒适的环境可以使客户更加集中精力参与到整个销售活动中，不过，仅有客观环境的安静和舒适还不足以有效促进客户做出成交决定。如果销售人员能够通过自己的切实努力，主动创造出轻松愉悦的沟通氛围，让客户在整个销售过程中感到轻松和愉快，客户的种种反对意见往往也会烟消云散，这样一来，实现成交将不再是难题。

一些人在刚刚进入销售这一行业的时候，都曾犯过这样的错误，就是不能有效利用客户因素为双方的沟通创造良好的环境。在实际销售中，陌生拜访也分两种情况。第一种就是完全的陌生拜访，也就是在没有预约或者进行前期的其他沟通的情况下对客户进行拜访，这种拜访环境肯定是销售人员难以决定的，销售人员能够做的就是根据现场环境做出综合性的判断。比如说，现场比较嘈杂，你销售的是私人的产品而客户现在正在办公等等，这些场合都不适合与客户进行沟通。在这种情况下，销售人员就需要改变沟通环境，比如，让客户换个环境。在环境改变不了的情况下，销售人员要果断放弃这次沟通，和客户预约下一次的沟通。因为在没有和客户建立比较稳定关系的情况下，这种拜访是不允许有失败出现的，一旦第一次拜访效果不好就可能让这样的拜访成为“一次性拜访”。所以，在判断沟通环境不佳的情况下，销售人员就不要再强行沟通了。在和客户预约下一次的拜访时，销售人员既可以选择在好的环境下和客户进行沟通，也可以让客户指出他方便的时间和地点，然后再对他进行拜访，那样双方沟通起来效果可能会更好。另外一种就是前期有过其他方式的沟通的，比如说电话、电子邮箱等。通过前期的预约再对客户进行拜访，这样的拜访也可以算是一种陌生拜访。中国有句古话叫作“闻名不如见面”，在电话或者通过其他沟通方式已经比较熟络的情况下，销售人员去拜访客户依然算是一种陌生的状态，客户可能会在你拜访他时用陌生的眼光审视你，对你重新进行了解。在这种情况下，销售人员也要用拜访陌生客户那样的标准来严格要求自己，在沟通环境这个问题上同样如此，销售人员也要像上面提到的预约客户那样对拜访客户的时间和地点进行选择。

可以说，销售人员对沟通环境的判断和选择是一种综合性很强的能力。除了人们正常的沟通所需要的环境外，在销售领域沟通时，无疑对环境提出了更高的要求，除了在感官上不能有障碍，还必须符合客户的心理。只有在这样的环境下，双方的沟通才会有效果。

晓强是一名建材销售人员，通过电话联系到一位有意向的客户之后，他约客户来公司见面。晓强约客户到公司来是有一定原因的——因为公司有本市最豪华的客户接待大厅，可以把公司作为自身形象的展示窗口，以此赢得客户的认可，提高企业的品牌影响力。既然公司有这么好的销售平台，为什么不用呢？晓强认为，这种沟通环境肯定能让客户倍感隆重，在这种环境下进行沟通，拿下客户肯定是十拿九稳的事。但出乎他意料的是，客户在和晓强沟通时，除了大赞客户接待大厅的豪华之外，就是一脸严肃，对晓强的产品推销也不置可否，最后，销售以失败告终。

原来，这个客户主要需求的是廉价建材，晓强告诉这个客户公司有这方面的品种，而且价格肯定有优势，客户正是冲这个来的。但到了晓强公司豪华的客户接待大厅之后，客户却有顾虑了。他认为晓强的公司弄得这么豪华高档，公司的运营成本肯定很高，这种高成本最终还是会影响到产品的价格，所以，他认为晓强的公司肯定做不到产品价格最低。在这种心理下，客户不购买晓强公司的产品便在情理之中。

由此可以看出，不合适的沟通场合会对沟通效果带来重大影响。所以，销售人员在与客户沟通前，要对客户的心理做细致的分析，你应该明白，客户到这里来和你进行沟通并不是来喝茶谈天的，对卖方的相关信息进行了解，确定产品值不值得买才是客户来和你沟通的主要目的。因此，销售人员必须了解客户的心理，从这一点出发精心选择合适的沟通环境，以确保和客户之间的沟通有好的效果。

选择有利于沟通的拜访环境，对销售人员第一次和客户打交道十分重要。只有在良好的环境中，客户才会感到放松，才有可能愿意说出自己内心最真实的想法。作为销售过程中的主动一方，客户的真实想法无疑是销售能否最终实现的主导因素，也往往是销售人员最难得到的信息。有了客户这些真实想法后，销售人员就可以制订对该客户展开销售工作的策略。比如说，客户在非常轻松的沟通环境下，告诉你他确实没有需求，销售人员就可以适时停止拜访，再去拜访其他客户；如果客户提出了自己的看法和要求，销售人员可以对此进行有效的沟通来进行调和。只要客户的要求得到一定程度的满足，客户的购买需求就会大大增加。

良好的沟通环境能确保销售人员与客户的交流尽可能地免受其他不利因素的影响，这样既能保证销售工作顺畅，又可以使客户的注意力集中在整个销售活动当中。销售人员要善于借助环境的特点和变化展开针对性较强的销售活动，而不要让环境成为自己发挥销售技能或客户接收你的信息输出的障碍，要引导客户与你共同创造融洽的交流环境，而不要强求客户进入你预先设置的某种环境。如果销售人员强烈违背客户的意愿，结果只能适得其反。如果环境难以按照你的意愿发生改变，那就要根据不同的客观环境采取相应的策略。总之，沟通环境是人创造的，销售人员要想和客户在一个轻松愉悦的环境下进行有效的沟通，既要学会选择好的沟通环境，又要能识别什么样的环境更适合沟通，只有这样，才能确保销售人员和客户能在一个轻松愉悦的环境下沟通，这样的沟通也将取得良好的效果。

7. 没有清晰的思路就难以做到有效沟通

销售人员在对客户进行陌生拜访时，切记第一次交谈的时间不要太长。这一阶段销售人员往往以让客户了解产品信息和建立比较稳定的关系为主要目的。因此销售人员在与客户交谈前应该将讲话的内容进行规划，哪些内容是重点应该讲得详细一点，哪些是次要的应该点到即止甚至直接绕开。只有这样，销售人员才能在有限的时间内把最有效的信息传达给客户，突出产品的优势，引起客户的兴趣，让销售人员和客户之间的沟通变得更有效，为产品的最终成功出售打好基础。因此，在对客户拜访之前，销售人员应该对自己的销售思维进行梳理。如果销售人员没有清晰的思维，在拜访客户时就会语无伦次，最后说了一大堆，客户却对产品完全没有了解。

一般情况下，销售人员在见到客户之后，要先做自我介绍，然后向客户说明拜访的来意，最后对产品的各种性能进行介绍，注意突出产品的优点。陌生拜访并不是盲目地拜访，销售人员在做陌生拜访前一定要有目的性。不管你和客户如何不着边际地谈，最终还是得回到正轨，向客户展开销售，并卖出你的产品。如果你没有清晰的思维，一味地与客户谈一些与产品销售无关的话题，说了一大堆，又没有为产品推销做好铺垫。话题转移时没有很好地技术处理，很容易让客户感到突兀或者不舒服，前面交谈拉近的距离感又会重新被拉开，甚至会让客户觉得你前面的话都是废话，太做作不够直接，客户也不愿意和你开诚布公、坦诚相见，这样，双方处在一种不信任的状态下进行沟通，肯定难以取得好的效果，反而会给拜访带来负面影响。

在对客户进行陌生拜访时，销售人员可以确定两个目的：第一就是交朋友，对有戒备心理的客户不要立即展开销售攻势，主要是拉近与客户之间的距离，为后期的再次拜访打好基础；第二就是开发，在对客户的拜访中，销售人员应该对客户的需求度进行评估。如果在客户需求度高，对销售人员比较认可的情况下，销售人员能够一次成功将客户拿下。如果在时机成熟的情况下，销售人员没有采用强势的销售策略，那么时间一久就可能生变，这种客户有可能在其他销售人员的逼迫式销售策略促使下购买他们的产品。所以，销售思路并不是一成不变的，需要销售人员根据形势的变化，做出正确的应对措施。只要销售人员按照正确的思路来和客户进行沟通，就能确保取得好的效果。

因此，销售人员在对客户进行陌生拜访时，应该梳理好思绪，对拜访设立明确的目标，并为这个目标的实现和客户进行有效的沟通。将被拜访的对象开发成你的客户是陌生拜访的最高目的，即使目前不能将他们开发成你的客户，也应有阶段性目标，就是储备客户资源。销售人员在进行陌生拜访时，基本要求是向拜访对象介绍产品的性能和优势，并拿到被拜访者的联系方式。而拿到了陌生人的联系方式，你的陌生拜访就算达到目标了。不管以后能不能将他们开发成你的客户，你都要在陌生拜访时尽量达到这一目标。如果销售人员在对客户的陌生拜访中患得患失，就会出现语言混乱、神情紧张。在客户看来，你可能“全身都是马脚”，本来是正常的等价交换，被你表现出一种坑蒙拐骗的姿态来，让客户觉得购买你的产品就是上当受骗。销售人员总想一口气将客户拿下，结果拜访完了才发现，产品都没介绍清楚，客户的联系方式也没要来，那么这次的拜访基本上就失败了。下次再以同样的方式去拜访，不但无从下手，还会招致客户反感，因为在第一次拜访时你并没有引起客户的兴趣。

在有了预期的目标的情况下，销售人员和客户沟通起来就不会觉得无从下手了。另外，销售人员还要在和客户交流时把握好度。例如，销售人员在和客户谈事业时，如果客户流露出不太顺利，也没有太多的发展动力时，销售人员就不要再和客户过多地谈事业了，因为客户对这些话题并不是十分感兴趣。如果销售人员还和客户大谈如何奋斗、鼓励客户再攀高峰的话，就会让客户反感，一旦你的谈话没有得到客户的回应，就可能出现冷场的尴尬，那时候再转换话题效果就会不太好。因此一发现话题不对就要马上转换话题，销售人员可以顺着客户的话抱怨社会压力大、竞争太激烈等，以赢得客户的赞同，争取拿到客户的联系方式。而有了联系方式后，就可以继续和客户沟通了。这样，这个陌生对象的联系方式得到了，这次陌生拜访的最基本目的也就达到了。

对于提出这种反对意见的客户，能拿到他的联系方式作为资源储备就足够了，在以后的跟进过程中，只抱着交朋友的目的进行，不和他谈产品销售，他反而会觉得你与众不同，会有好感。当他看到产品确实给自己的生活带来变化后，他也会开始关注，并主动和你谈起产品。

在发现客户有很强的需求时，销售人员要沉着冷静，循序渐进地将拜访流程走完，顺其自然地将客户拿下。不要一看到客户有需求，销售人员就迫不及待地直奔主题，反而可能将生意搞砸。因为客户虽然有需求，但并不一定会买你的产品，他们都希望在购买之前进行充分的挑选和对比。他们从口袋里掏钱的时候都会有犹豫和矛盾的心理，如果你在交流的前期不能做好有效的沟通以化解他们这种情绪，就无法激发他们的购买欲望，最终错失卖出产品的机会。

销售人员在对客户进行陌生拜访时，要厘清自己的思绪，将思绪集中在每一个当前的沟通环节，不要这个环节的工作还没有沟通到位，就开始去思考下一个环节了，这会分散你的注意力。当然，销售人员也不要在一开始就想着成功或者失败，这会使你的情绪产生波动，必然会在和客户进行沟通的时候影响自身能力的发挥。患得患失的思绪带给你的可能就只有一种结果，那就是沟通无效，拜访失败。

有效提问

——提问最大的好处就是你在控制局面

在销售过程中，销售人员向客户提问在所难免。因为通过提问，不仅可以清楚地知道客户内心的真实想法，还可以有效地控制销售的局面。在推销训练大师汤姆·霍普金斯看来，销售中的提问是实施销售必不可少的步骤，但并不是说提问就一定能有效地控制住销售局面。事实上，提问还是需要掌握策略方法的。那么，汤姆·霍普金斯所说的提问策略究竟有哪些呢？

对此，他通过自身多年的销售经验告诉人们：销售中向客户实施的提问，好比是一套“组合拳”，也就是说，提问是需要多个步骤共同组成的集合体，缺少其中任何一环，都不能称为有效的提问。例如，提问前是否让客户感受到销售人员自身的信誉度、提问过程中能否做到自信、提问前能否制订好有效销售的计划等等，当销售人员打好这些“组合拳”后，才可能真正做到有效掌控销售的局面，从而实施有针对性的推销。

1. 用有效提问“晒出”客户内在的需求

提问是销售过程中的一种重要技巧，销售人员通过向客户提问，不但能够获得客户内在的“秘密”，确认客户的需求，而且也能够引出客户谈话的主题。世界著名的推销训练大师汤姆·霍普金斯曾说过：“有效提问是销售人员与客户之间最重要的沟通手段，有技巧性的提问可以令每一个销售人员在工作中都能够取得事半功倍的效果。”

对于从事销售的每一个人来说，对客户提问，不仅能够令客户感到自己是被人关注的中心，而且也能够显示出销售人员对客户的关心。每一位客户都喜欢在谈论某一问题的时候被人关注自己内心的想法和感受，同时也喜欢在自己谈论的时候对方能够细心地聆听。这时，客户会产生一种被别人需要、被人们重视的感觉，更容易提升他们的消费欲望。

在现实生活中，对客户有效提问，并细心倾听客户的回答，能够令客户在销售的过程中直接参与到互动中，更能够让客户产生信赖感，客户能够更清楚地认识到商品的优劣与否。这样客户就不会认为销售人员是在为自己的利益而推销商品，而是客户通过思考之后对商品有了更深入的了解后决定购买的。

汤姆·霍普金斯一直认为，有效提问在整个销售过程中具有非同凡响的作用，但是提问也需要讲究方式。销售冠军都非常讲究提问方式，对于提问方式更是运用得得心应手。许多销售精英认为，提问最主要的方式有开放式提问、封闭式提问以及想象式提问三种。

第一，开放式提问。这种提问完全不限定客户所回答的答案，能够令客户根据自身喜好围绕着话题自由发挥，从而让销售人员更轻松地捕捉到客户内在的需求。开放式提问令客户没有任何约束感，能够畅所欲言地表述自己的观点和情绪，从而令销售人员获得客户更多真实有用的信息。在汤姆·霍普金斯看来，开放式提问的内容大致概括为“什么事”“什么时候”“什么地方”“什么人”“为什么”以及“怎么办”。比如说：“您最近的工作计划有没有变动？”“您最近需要哪些方面的产品？”“您什么时候方便来对产品做个详细了解？”“什么样的产品能最大限度地满足您的要求？”等等。

第二，封闭式提问。汤姆·霍普金斯根据自身的销售经验认为，封闭式提问对客户的回答要有一个定性要求，大多数情况下答案都是非常简短的一句话或者一个字，或者在提问限定的范围内做出回答，通常答案都为“是”或“否”。当销售人员需要非常准确或者非常详细的信息时，需要对讨论的问题进行时间和方向上的控制，一般就需要采用这种提问方式。封闭式提问能够令销售人员快速地将问题理厘清，并且确认事实。例如，“您喜欢这种样式的产品吗？”“您喜欢红色的产品还是粉色的产品？”“对于产品的这些功能，您觉得满意吗？”“您喝咖啡还是茶？”等。

第三，想象式提问。汤姆·霍普金斯强调，这样的提问方式大多采用开放式和封闭式的形式引发客户产生思考以及想象的提问。提出问题的主要目的是让客户在大脑里产生一个想象的空间，当客户经过思考之后，对于推销员所预测的结果有一个强烈的感受。根据所采用的形式，将其分为开放性想象和封闭性想象两种。例如，“您可以大概想象一下，如果选用这样的包装材料，再经过我们公司的形象设计，您公司的产品在顾客的心中会不会有更好的一番改变呢？”“试想一下，如果几年后您得到博士学位回国，那么以前的那些熟人将会怎样看您？”“如果您使用外观既时尚又耐用的产品，全家人一起到郊外去旅游的话，一定会感受到产品给您全家带来的便利，这该是多么令人愉悦的一件事情？”……

当然，向客户有效提问的方式并不仅限于这三种。同样的，即使普通销售人员掌握了这三种提问方式也不一定能够从容地应对顾客的所有问题。因为与客户的交谈过程中，会出现各种各样的语言陷阱，也会遇到许多不同的状况，这就需要销售人员能够时刻谨慎地区分，采取不同的方式去对待。同样，在与客户交谈时，对于提问也有一些规则，任何一名销售人员都必须时刻谨记。

首先，在对客户提出问题的时候，最好能够提及对方的姓名，这样能够让客户对自己产生好感。从心理学的角度来看，当有人能够直呼出自己的名字时，心理上不仅能感觉到一丝暖意，而且还会产生一种被重视的感觉。如此一来，非常有利于双方之间进行接下来的沟通。汤姆·霍普金斯曾强调：“优秀的销售人员事先都会通过各种方式记住客户的名字，因为他们知道，在和客户沟通时，如果能够说出他们的名字，无疑能瞬间拉近彼此间的距离，从而为成功签单奠定坚实的基础。”

其次，在对客户提问之后，千万不要擅自为客户解答，这样会让对方产生一种紧迫感。在提出问题时，更不能涉及个人隐私或敏感性问题。假如销售人员没有注意到这些细节，等待他们的或许就是客户无情的拒绝。

再次，向客户提问时最好不要频繁地使用封闭式提问，因为这样客户会产生厌烦情绪，更不要在大庭广众之下提出令对方厌烦的问题。对于一些非常重要的问题，我们一定要确定客户做出了正面的回答。只有这样，销售人员才能在提问中挖掘出客户内心真正的需求，否则，销售人员极有可能会因为自己不经意间的一个提问而丧失了订单。

最后，无论销售人员采用什么方式的提问，一定要遵循简单易懂的原则。一些过于抽象或者难以理解的语言可能令顾客产生烦躁心理。如果没有及时调整策略，客户内心的烦躁就会越来越深，不仅没有兴致去回答销售人员的提问，还会让销售人员感到尴尬。如此一来，就很难促成订单的签订。

因此，想要成为一位销售冠军，一定要用好自身的条件和技巧，用有效提问的方式去“晒出”客户内心的真实需求，掌握这种技巧之后，离成功销售也就不远了。

2. 会不会提问真的是销售成功的“法宝”吗

现实中，同一家公司的销售人员销售同样的产品，有些销售人员的业绩非常差，而有些人却能成为销售冠军，这是为什么？对于销售冠军来说，永远都不怕没有销售订单，但是很多普通的销售人员却连一张订单都很难拿下，这又是为什么？金牌推销员马里奥·欧霍文自身的经历可以为销售人员提供很好的借鉴。

马里奥·欧霍文作为销售界的传奇人物，在二十多年的销售生涯中，累计销售出的订单有数万份之多，平均每天签订的实际成单数量在五份以上。能够取得如此骄人的业绩，马里奥·欧霍文必定有与众不同的秘诀。那么，他究竟是怎样成功的呢？在一次采访中，马里奥·欧霍文坦言道：“我之所以能够轻松地完成这些看起来艰巨的任务，关键就在于销售中会提问。”的确，从马里奥·欧霍文销售过程中的足迹，可以很清楚地看到他完全是凭借着吃苦耐劳以及出色的口才，将产品销售给一个又一个客户。

在早期的销售中，马里奥·欧霍文曾经向一位食品厂的负责人克里·斯特朗推销保险，但是克里·斯特朗日常工作非常繁忙，在马里奥·欧霍文之前已经有许多推销员无功而返。而唯独马里奥·欧霍文能够成功，这是为什么呢？原来，在见到食品厂负责人克里·斯特朗时，马里奥·欧霍文主动和他打招呼："克里·斯特朗先生，您好，我是保险公司的销售人员马里奥·欧霍文。"克里·斯特朗听到又是一个保险公司的推销员来找自己，于是脸色难看地说道："怎么又是一个保险推销人员，请不要来打扰我，我可没有时间去了解保险，今天我的事情还很多，就算有时间我对保险也没有兴趣。"马里奥·欧霍文听到这话后，并没有露出任何不悦的表情，仍然微笑着说道："请您让我简单地介绍一下，只耽误您一分钟的时间就可以。"克里·斯特朗非常烦躁地说道："我很忙，没时间听你提问，你走吧。"马里奥·欧霍文不可能就这样走掉，他低着头看着克里·斯特朗食品厂生产出来的产品，问克里·斯特朗："您公司生产的全都是这种产品吗？"克里·斯特朗点点头。马里奥·欧霍文又问："那您方便告诉我您在这一行做了多长时间吗？"克里·斯特朗抬起头说道："高中毕业后就一直从事这个行业，大概有十五年了。"马里奥·欧霍文羡慕地说道："您真了不起，那么在开创事业时您又是怎么做的呢？"于是，克里·斯特朗谈起自己公司的历史，开始慢慢放下了心中的戒备。从早年的艰辛到企业的发展以及遇到的困难，再到现在不断地壮大，克里·斯特朗跟马里奥·欧霍文谈了三个多小时，最后，克里·斯特朗还意犹未尽地邀请马里奥·欧霍文参观食品厂。两人成了好朋友，之后马里奥·欧霍文并没有向克里·斯特朗提出任何关于保险的事情，但是在接下来的时间中，克里·斯特朗主动向马里奥·欧霍文购买了保险。

为什么其他的推销人员向克里·斯特朗推销保险都铩羽而归，唯独马里奥·欧霍文不仅与克里·斯特朗成为朋友，还让他主动购买了保险单呢？原因就是因为马里奥·欧霍文懂得如何与客户沟通提问。

可以肯定的是，只有会提问才能拿到订单。在与客户沟通洽谈时，每一位销售人员都希望能够说服客户，而说服客户就必须有好口才。人们在面对陌生的销售人员时，通常都会产生戒备心理。作为一名销售人员，面对陌生的客户，如何消除对方内心的戒备就成为最开始要做的工作。很明显，销售人员想要轻松地拿到订单，与客户成为朋友是最快捷的方式。而要做到这一点就需要销售人员懂得有效提问。

在马里奥·欧霍文的案例中，最有效的提问就是："您真了不起，那么在开创事业时您又是怎么做的呢？"运用这样赞美的话，能够让客户的虚荣心得到满足，并且对销售人员产生好感。每个人都喜欢向别人说起自己成功的事情，所以他们总是会挤出一些时间跟你谈话。当然，在面对其他客户的时候，这样的话语并不是固定不变的。想让客户下单，就必须要开动脑子想尽办法让客户愿意跟自己交谈。作为一名销售人员，最害怕的莫过于客户沉默不语。遇到这样的情况，一定要设法撬开客户的嘴巴，让客户对销售人员说出自己内心的真实想法，只有这样才有可能与对方做成生意。

想让客户购买自己的产品，就一定要先与客户交谈。销售的秘诀就在于如何找到客户内心的需求和欲望，销售人员也必须要懂得如何才能满足客户内心的需求。而想要探知客户的内心需求与欲望，最简单、有效的方法就是不断地提问。问得多，客户回答得自然就多，而客户回答得多，他们暴露给销售人员的信息自然也会越多。这样一来，销售人员就能在一次次的提问中化被动为主动，成功地发掘对方需求，并找到合适的办法满足客户的需要，也才能与客户达成交易，成为一名合格的销售人员。

3. 制订合理提问计划到底能不能控制局面

美国著名保险销售大师 W. 克莱门特・斯通曾强调："一份完备的访前提问计划，对于销售过程的顺利实施以及销售目标的顺利达成具有重要的意义。"克莱门特之所以如此强调计划的重要性是有一定道理的。如果没有做好访前的提问计划，对客户没有足够的认识和了解，对拜访要达到的目标没有明确的规划，那么拜访过程中难免出现话不投机，或者不知道该如何提问的尴尬情况，交易也就很难进行下去。而且，这种没有计划的提问甚至有可能降低销售人员和公司在客户心中的形象，从而导致客户流失。一个合理完备的访前提问计划能给销售带来很多的益处。

拜访计划中如果制订了明确的提问方法和提问顺序，就能避免耗费更多时间和精力，使销售人员针对重点攻略的客户适当增加会面次数和洽谈时间，从而提高签单概率。确定拜访计划可以增强销售人员行动的自觉性，提高拜访的效率，尽可能拜访更多的客户。同时，合理的提问计划也能作为销售人员分析推销效率的重要参考依据。通常，提问计划需要提前一个星期着手编制，这样销售人员就能在制订计划时有充足的时间。根据以往的经验，尽量对客户可能提出的拒绝理由想出对策，以备不时之需，从而争取更多有效商谈的机会，提升交易的成功率。

克莱门特在拜访客户之前，总是会先掌握客户的一些基本资料，并把这些资料记在卡片上，包括客户的姓名、职业、地址、电话号码等。除此之外，他还会搜集客户的职业、收入、年龄、生活方式和性格爱好等信息。在拜访客户之前，克莱门特会先打电话与客户预约拜访的时间，有时还会向对方的工作人员确认客户的名字。因为他知道，拜访之前弄清楚客户的名字是必需的，然后才能根据自己搜集到的信息制订提问计划。他把一天中需要拜访的客户都尽量选定在一个区域内，并且制订出最佳的时间安排，以便提高工作效率。

合理地做好提问计划，将在销售的过程中给销售人员带来意想不到的回馈，不但能顺利地实现销售目标，还能赢得客户真心的接纳。那么，什么是提问计划呢？访前计划就是通过分析现状、设定目标、建立策略来准备销售拜访过程的工作。大多数情况下，提问计划可以分为以下步骤。

第一，合理制订提问目标。

目标是对完成一项工作应当产生的效果的事前描绘。一个明确的目标可以让人认清楚自己到底要做什么。因此，在向客户提问之前，明确提问目标是非常重要的。比如，销售人员想通过向客户提问实现什么样的目标，其中包括能否达成订单、能否赢得客户欢迎、能否消除客户内心的疑虑等。访前计划中的提问目标是销售人员的基本功，也是引导销售人员走向成功之路的阶梯。具体来讲，提问目标就是在事前预定好拜访活动所需达成的效果，这个目标就是制订拜访策略的总方针。

第二，准确地分析清楚现状

销售人员可以通过分析现状，确定目前自己所处的位置。现状分析一般包括竞争对手分析、行业及环境分析、资源分析和客户信息分析。

竞争对手分析主要针对竞争对手的一些情况，例如，对手的客户服务、市场份额、竞争策略等，分析他们的优势和劣势，以便在访前计划中做好充分的准备应对客户提出的质疑，继而在向客户提问或者解答时展示超越竞争对手的一面。

行业及环境分析也是销售人员的必修课之一。由于现代社会已经到了“一对一销售”的时期，因此销售人员必须掌握比客户更多的专业信息、更全面的产品知识，并且还要拥有对行业和环境的分析能力。只有这样，才能更容易与客户建立长期互惠的关系。

客户信息分析包括对客户的喜好、家庭状况、工作习惯、生活习惯以及人际关系等信息进行研究和分析。此项工作将帮助销售人员预先确定好合适的时间和地点对客户进行拜访，并且在拜访过程中能有更多沟通的余地。

资源分析的部分以自身可利用的资源为主。例如，销售工作中的可支配预算、可派发的赠品数目、可调动的人员等多种资源的配置情况。只有先清楚地了解自己手中的资源，才可能有效地利用好这些资源，取得理想的销售效果。

第三，建立起提问的策略

通过前两个步骤的分析，可以看到现状和目标之间的差距，而想要填补这个差距就要制订出合适的提问策略，简单地讲，就是要解决好以下问题。

首先，提问各个阶段如何表现的问题。销售提问包括很多阶段，一般来讲包括开场白、客户的需求探寻等阶段。每一个阶段都是达成交易必不可少的一级阶梯，同时又有各自的特点和要求。销售人员只有按部就班地走好每一步，才能顺利达成销售目的。

其次，要设想客户可能的反馈及其对策。一名优秀的销售冠军，事先会对客户的反馈有充分全面的心理准备。客户可能会同意你的某些观点，也可能会不同意你的某些观点。只有在拜访计划中预先考虑到客户可能给予的各种反馈，并对这些可能的反馈做好周密的准备，才能在遇到问题时从容不迫、应对自如。

再次，客户是否真正具有购买产品的条件。在推销过程中，经验不足的销售人员常常遇到这样的情况：他拜访的客户虽然有购买意愿，也有实际需要，但是却没有支付能力或者购买决定权。对于一个经验丰富的冠军销售人员来说，这样的客户是可以通过提问的方式察觉到的。因为在寻找准客户时，准客户除了对产品的需要之外，还必须具备购买能力和决策权，三个条件缺一不可。不属于准客户群体的对象，就不该被包含在访前计划中。

最后，提供的产品能为顾客解决哪些问题。销售人员在与客户见面之前，如果能事先预知客户正面临着哪些问题，正在被哪些因素困扰着，从而站在客户的立场对这些问题进行提问，并切实地帮其解决问题，就一定能赢得客户的好感和信赖。

由此可以清楚地看到，销售人员在进行销售过程中，应该事先制订好合理的提问计划，并将其熟记于心，因为这不仅便于销售的顺利展开，还可以最大限度地掌握主动权，从而赢得越来越多订单。

正如 W. 克莱门特 · 斯通所强调的那样，销售中想要控制住局面，制订合理的提问计划是必不可少的，因为它可以在很大程度上决定订单的达成与否。

4. 自我信誉为什么是提问前的“功课”

自古以来，信誉一直是人类注重的品质。同样，信誉也是销售人员立足于销售市场的基本因素之一。一个优秀的销售人员一定有良好的市场信誉。如果一个销售人员在市场上信誉极差，那么他就不可能在销售市场上立足。

通常，销售人员在与客户会面之前，在恰当的时间以最恰当的方式将自己的市场信誉度传达给客户，往往会为销售活动的成功打下重要的基础。然而，销售人员要想在与客户会面之前将自己良好的市场信誉度的信息传达给客户，并不是一件很容易的事情。因为在销售市场中，产品的质量信誉度是由厂家承担的，而产品的销售信誉度是由销售人员承担的。产品的质量信誉度可以通过厂家的广告宣传和口碑来得到客户的信赖，但是销售人员的信誉度却只能靠销售人员自己的个人素养去传递给客户。这就在无形中增加了销售人员的销售难度。但是，优秀的销售人员却懂得依靠不断积累自己良好口碑的方式让客户感受到自己的信誉。

彼特·克里夫是索尼公司销售部的最佳销售员，他获得了索尼公司“2010 年度的市场开拓奖”。在 2010 年的优秀员工颁奖晚会上，彼特·克里夫对媒体说 :“作为一名销售人员，一定要有非常高的市场信誉度，这是他取得令竞争对手羡慕的业绩的重要原因。但是，同样重要的就是销售人员在拥有了很高的市场信誉度之后还要使它在市场上传播开来。”彼特·克里夫的话引起了现场所有人的共鸣，并引起了一阵热烈的掌声。

彼特·克里夫刚刚进入索尼公司的第一个月，他的销售业绩是公司的倒数第一。那么，是什么原因让一个销售业绩倒数第一的新人在短短一年内就成长为世界知名企业的“年度市场开拓奖”获得者呢?

原来，在经过反复的失败后，彼特·克里夫总结经验，改变了原来的销售方式，在每一次与客户会面之前先将自己的市场信誉度传递给客户。而在给了客户一个稳健可信的感觉之后，他就能够在与客户进行会面的时候顺利地拿下订单。

彼特·克里夫的销售方式不仅得到了公司大部分员工的认同，而且他们还纷纷仿效彼特的销售方式推销自己手中的产品。结果证明，彼特·克里夫的推销方式是非常有效的——在全球金融危机的恶劣经济环境下索尼公司展现出了比同行更优秀的业绩。

从这个案例可以看出，没有市场信誉的销售人员是无法取得良好的业绩的。但是，拥有了不错的市场信誉度却不懂得在与客户会面之前将其传递给客户的销售人员，也是无法取得骄人业绩的。那么，在与客户会面之前，销售人员该怎样将自己的信誉度传递给客户呢？

第一，学会像渔夫一样广撒网。销售人员在建立了自己的市场信誉度之后，一定要将自己的信誉度传递给与自己产品有关的人，从而让这些人形成一个个连接点，然后再将这些连接点串联起来，这样销售人员就拥有了一张可以掌控的信息传递网。在销售人员的信息传递网形成之后，再将自己的市场信誉度通过信息网传递出去，这样即便销售人员自己不做宣传，别人也会替你宣传。其实，这样做还有一个好处——客户在进入市场的时候，就会进入销售人员的信息传递网中，不知不觉间就会接收到某位销售人员信誉度的信息。

第二，在会面之前，销售人员应该选择最熟悉客户的人作为信息的传播目标，以让客户接受到销售人员信誉的信息。一般最熟悉客户的人也就是客户最信任的人，通过最熟悉客户的人将销售人员的市场信誉度信息传递给客户，等于增加了你的信誉力，更会让销售人员的市场信誉度在客户心里大大增高。因为客户会在接受自己最信任的人传递的信息后，无形中将对自己最信任之人的少量信任转移至即将与自己会面的销售人员身上。

第三，与客户会面前，销售人员可借助网络向客户传递自己的信誉度。在互联网运用非常广泛的今天，销售人员要在会面之前将自己的信誉度信息传递给客户，最便捷、最实用的方式就是通过互联网。比如，销售人员可以将市场上关于自己信誉度的反馈信息通过一封电子邮件传递给客户。同样，在这个手机十分普及的年代，销售人员也可以通过短信将自己的信誉度传递给客户。销售人员运用互联网传递个人信誉度信息的时候，一定要注意不能将自己的信息阐述得过长或太笼统，更不能失真。

第四，运用口碑宣传的力量。销售冠军通常在拥有了不错的市场信誉度之后，都会及时地将这一信息告诉给身边的人，通过口碑宣传的方式让自己的信誉度在市场上迅速传播开。实际上，口碑宣传的效果比一般的媒体广告还要好，更值得客户信服。而且，销售人员将自己良好的市场信誉度通过口碑的宣传方式传播开来，可以让客户在踏进市场的第一时间就了解到这一信息。销售人员用最少的力气获得了大量的潜在客户。

第五，将自己的市场信誉度标注在名片上，通过名片向客户传递自己的市场信誉度。名片不单单是一张个人信息的“浓缩卡”，它在很大程度上也是市场上互相传播联系信息的工具。因此，销售人员与客户会面之前让客户了解自己市场信誉的一个好办法就是——将自己的市场信誉度标注在名片上，通过名片向客户传递自己的市场信誉度。

5. 随机应变：金牌销售的心经

作为一名销售人员，在销售过程中可能会碰到很多的障碍。这些障碍都是销售人员向着金牌销售这个目标前进道路上的绊脚石，要想成功地拿到订单，就必须不断加强自身的业务修养，并在推销过程中随机应变。

销售人员在推销生涯中，经常会听到客户对产品价格的抱怨。如果客户提出这样的问题，就证明他已经对产品产生了一定的兴趣，只不过是想最后杀一下价格。但是，如果销售人员不能随机应变，没有处理好最后的这个讨价还价的环节，很有可能会把即将到手的订单搞砸。所以，这个时候销售人员应该着力让客户相信产品品质和服务的满意度都是其他产品无法相比的，而且可以在合理的范围内让利给客户，这将对最终拿到订单有莫大的帮助。因此，在实际操作中，销售人员可以这样跟客户说："先生，其他家的售价可能真的比我们的这个产品价格低。但是，正所谓'一分价钱一分货'，我们的产品价格略高是因为产品质量好，而且我们提供的服务要更好一些。我相信没有任何一家公司可以让自己的产品价格低于成本价，这就如同进口的高档汽车不可能和普通汽车价格一样，您说对吗？"销售人员在说完这些话的时候一定要留给顾客考虑和应答的时间，作为一个销售人员，切不可一味地喋喋不休而忽视了客户的表达。如果销售人员忽视了这一点，不论他的语言多么打动人心，顾客也会产生反感，这对于拿订单是很不利的。

一个优秀的销售人员应该知道，客户在购买产品时通常都会把注意力放在三件事上：一是商品的价格；二是商品的品质；三是商品的服务。如果销售人员在推销的时候能够针对这三点进行有效的沟通，就会离成交越来越近，离金牌销售人员的目标也就越来越近。

如果客户是一名资深的采购人员，基于他们的工作经验，这些客户会将采购对象放在那些拥有高品质的产品之上。这个时候，销售人员就应该将销售沟通的重点放在产品的应用和服务上，销售人员至少要让这些采购人员明白，自身所推销的产品是最实用也是最保险的，打消这些专业采购员对产品的顾虑，从而成功地拿到订单。

对于那些"外行"买家来讲，销售人员应该学会投其所好。有些年轻的女性买家更看重外观是否精美，此时销售人员就应该着重渲染产品的精美程度；有些年长的买家更注重产品的操作是否方便，销售人员就应该将产品易于操作的优点表现出来；而有些买家最看重的是实用性，销售人员就应该将主要精力放在让客户相信自己的商品会在生活中起到很大的辅助作用上。

如果客户具有购买意向，销售人员也已经把客户的前期工作都做到位了，那么拿到订单就为期不远了。但是，这时候销售人员还不能放松，即使客户在口头上表达了购买意愿，之后也会有一些主观和客观的因素影响到客户最终是否会落实。而且一般来讲，这个时候，客户往往会在内心重新定位销售人员的商品和自己的需求是否一致。所以说，这段时间是最关键的。在成交的最后关键时期，有些销售人员往往会急不可待地催促客户完成最后的成交，这种做法其实是不可取的。众所周知，任何人都有一个心理忍受的极限，如果客户被销售人员催得太紧的话，很可能就会产生厌恶情绪。这对于销售人员拿到订单是很不利的，很可能会导致订单在最后的关头成交失败。

有些客户会在最后关头拖延购买，可能是因为客户对于推销的戒备心理还没有完全消除，他想冷静一下再做出最后的决定。这个时候，销售人员越是积极地建议客户尽快成交，客户的戒备心理就越重，所以在客户提出再想想的要求之后，销售人员应该尊重客户的意见。在客户考虑的这段时间里，销售人员不能不闻不问，也不能过于频繁地进行无效的二次推销。在这种情况下，销售人员最好和客户形成一种非商业行为的联系，比如打个电话嘘寒问暖，或者逢年过节发个短信，让客户感受到销售人员的诚意，这样会对最后的成交大有帮助。

销售人员可以根据具体情况，随机应变，这样才有可能达成最后的交易。金牌销售人员和普通销售人员的区别就在于，金牌销售人员能够很好地应对这些状况，并且最终拿到订单。应该说，销售工作是一个充满了挑战和变数的工作，因而随机应变就是一个金牌销售人员必备的能力。作为一个销售人员，一定要锻炼自己这方面的能力，让自己的业务水准更上一层楼，进而让自己跻身于金牌销售人员的行列。

6. 自信是控制销售局面最好的“敲门砖”

众所周知，在销售过程中，销售人员会与各式各样的人打交道，比如财大气粗的、位高权重的、博学多才的等等。要赢得他们的信任和欣赏，并且说服他们购买自己的产品，绝非一件容易的事情。为此，销售人员就必须坚信自己的能力，信心百倍地敲开客户的门，从容不迫地与他们侃侃而谈。若是顾虑到诸多实际因素，就会缺乏自信，因此而害怕与客户打交道，那么销售工作一开始就注定要失败了。

加里森·凯特大学毕业后加入一家美国电脑公司任职销售代表，负责美国北方地区电力系统的业务。这是他第一次担任销售这一职位，所以当时他并没有销售经验。他首先了解了电力局哪些部门可能采购电脑，然后逐一登门拜访。在此过程中，他发现一个部门在公开招标采购一批服务器，但是发招标书的时间已经过去三天了，得到标书的供应商已着手做投标书了，而且三天后就将公开招标。随后，他又从当地业内的朋友那里了解到这个项目的相关情况，得知项目的软件开发商已经选定，并且已经完成了项目。于是，他就又找来软件开发商的电话号码，致电询问是否有可能推荐自己的产品与对方合作。可对方声称已经有另一家公司提供硬件了。就这样，合作的请求也被拒绝了。

按理说，事情到这个地步，所有的路似乎都被封死了——软件开发商不肯合作支持，与客户关系又不熟悉，距离公开招标的剩余时间也相当有限了，而做一份高质量的投标书的工作却又是相当繁重的。在这种情况下，即使加里森·凯特放弃了这笔业务，也不会被任何人责怪。然而，加里森·凯特并没有放弃，仍然怀着高度的自信心，认为自己一定能成功。他的想法其实非常简单：不到最后关头就要尽全力去做。拥有足够的自信心即使输了也没有关系，至少能为下次投标积累一定的经验和人际资源。

于是，加里森·凯特信心满满地折回到客户的办公室，向负责项目的工程师索要投标书。可工程师告诉他，发放标书需要征得处长的同意。于是，他又赶紧乘飞机去找到正在另一个城市开会的处长，征求到了他的同意，拿到标书之后，他又和公司的工程师在剩下的一天两夜的时间里赶制出了三本投标书交到了电力局，并在开标那天苦苦等候了整整一个白天。终于，功夫不负有心人——客户宣布他所在的公司中标。

当有人事后问他是什么支撑他完成这些看似不可能完成的工作时，加里森·凯特笑了笑答道："支撑我坚持做这个项目的最大动力就是强大的自信心。"在加里森·凯特看来，推介项目的过程中不可能一帆风顺，各种各样的困难也会接踵而来，在这种情况下就需要用强大的自信心作为支撑，才能让推介工作顺利开展下去。

由此可见，要想成为一个成功的销售人员，他的字典里就根本不该有"不可能"三个字。常言道"事在人为"，世界上没有什么不可能的事，只要有信心坚持下去，就有成功的可能。当然，销售工作也是如此。那么在现实销售中，销售人员该如何增强自信，以便能控制住销售局面？

第一，销售人员非常有必要注重自身知识的积累，也就是要加强对产品的了解，并用知识武装自己的头脑。销售人员在日常销售中就应该花费时间去熟悉了解产品的相关信息，这样才可以让自己充满自信地面对客户，并轻松地回答专业性强的问题，以便增强自信心。

第二，讲究穿着仪表，让自己信心十足。着装要注意场合，谈业务的场合要穿得整齐大方，男销售员最好穿西装。仪表堂堂，重视着装，不仅是正式场合的要求，更是对客户的尊重，同时也能让自己精神饱满，提高自己的自信心。对于女性销售员而言更要注重仪表，要尽量穿职业装，但不需要浓妆艳抹，彩裙飘飘，一定要恰到好处、自然大方。

第三，语言标准，语意简洁明了。销售员要用平和的心态面对客户，尽量做到不卑不亢，达到互利双赢。在销售过程中，注意礼貌用语，而且，一定要做到语言标准，语意简洁明了，不要让客户感觉你啰唆。同时，在谈业务时，如果你有平等互利的心态，谈判即使不成功，也不要患得患失，因为对方也失去了一次好机会。

第四，要相信自己的产品即使不是最好的，但一定是有质量保证的。销售员如果对产品没有信心，就会在销售过程中不能有效地说服客户。当然，要少用绝对词，比如最好、绝对没问题、独一无二等。如果客户贬低你的产品，你就说，我们的产品有自身的优势，更重要的是质量有保障，服务周到。所以，提高对自己产品的信任很重要，至少它可以增强你销售的信心。

7. 谨记：想拿下订单就要拿下客户的心

销售人员在工作过程中会遇到各种各样的客户，而面对不同类型的客户需要采用不同的应对策略。不可否认，客户对于销售人员来说应该成为工作的重点。然而，一些客户可能因为种种原因会对前来洽谈生意的销售人员或者对其所推销的产品十分挑剔。所以，要想在与客户的交锋中取得胜利，就需要销售人员掌握一些特别的技巧。在“成功学之父”奥里森·马登看来，只有轻松应对客户，打动客户的心，才有可能赢得订单。那么，该如何打动客户的心呢？

首先，要学会对客户情真意切地赞美。

虽然有“良药苦口”“忠言逆耳”的古训，可是在实际生活中，很少有人不喜欢听赞美之词。在销售人员的客户记录中，有些客户位高权重或富可敌国，对于这些知名的人士，销售人员更要努力与之建立关系。赞美客户，有助于销售人员和客户之间形成良好的关系，进而使双方达成交易。不过，赞美客户也并非是一件容易的事，还需要销售人员掌握赞美的技巧，审时度势，否则只会让客户觉得有溜须拍马之嫌，这样好事也会变成坏事。

奥里森·马登认为，对客户的赞美也需要因人而异，根据不同客户的年龄长幼、素质高低、身份财产等因素确定赞美的话题。

杰克·哈瑞是美国加利福尼亚州一家生产太阳能热水器公司的销售人员。一次，他去州政府机关推销热水器，接待他的是一位州议员，而他也是这次采购的负责人。由于事先对此人的背景有了细致的调查，杰克·哈瑞决定对这个官员褒奖一番，于是开始畅谈这位官员辉煌的过去。这位议员年轻时与几个同学共同创办了一家网络公司，经过几十年的努力终于发展成为当地最大的网络公司。然而，他不贪图财富，为非洲慈善事业捐出一大笔资金后，弃商从政，希望能为本州的社会底层人民谋取更多的福利。这样的话题果然有效，老官员仿佛又找回了青春年少时的激情，于是爽快地与杰克·哈瑞签订了购买太阳能热水器的合同。

虽然每个人都喜欢听赞美之词，但是如果销售人员的赞美不是依据事实或者发自内心，就很难让客户对销售人员产生好感，甚至可能会起到反效果。例如，某销售人员上门对一位肥胖臃肿、相貌平平的贵妇推销保险时，大夸她的美貌绝伦，结果被婉言“请了出去”。可见，过分夸张失实的赞美会让客户感到销售人员为达目的而说出违心之言，因而产生反感。因此，适时适当地赞美客户，拿出销售人员的真心诚意，才能打动客户，赢得客户好感，促成订单的签订。

其次，要充分利用幽默的语言迎合客户的心理。在奥里森·马登看来，交际语言的艺术性还表现在与客户交谈时说话的风趣幽默。当客户对产品的使用效果提出质疑时，销售人员往往会说出种种关于产品质量保证的认证方面的事。其实，销售人员这种以理服人的做法有时候不一定灵验，对客户进行销售时，更高明的做法应该是以情动人——采用幽默的语言回应客户的提问。这样做的好处是可以令客户感到特别亲切，同时体会到销售人员的聪明可爱，因此更容易产生购买的冲动。如今，以情动人越来越多地为推销人员所重视和应用。事实证明，它确实能够让销售人员在客户面前摆脱不利的境地，化被动为主动。

杰克·哈瑞在早期推销洗发水时曾经有过这样一次经历：一天，他去拜访美国一家大型超市的经理，当双方的谈判接近尾声时，超市经理在旁边插了一句："你们的产品果真如广告上宣传的那样好吗？"对于这个问题，杰克·哈瑞不好正面回答，这恐怕有"老王卖瓜，自卖自夸"的嫌疑，但又不能不回答，不然会被对方看扁，更重要的是这位客户也许会因此而改变主意。杰克·哈瑞灵机一动，很和气地回答道："请放心，您试过的感觉会比广告上说的还要好。"一句简单幽默的话促成了他与这家大超市的交易。

可以说，销售人员在与客户的沟通过程中，有些话不能口无遮拦地说出，需要含蓄地表达出来。这样既能令客户心领神会，又能更好地尊重客户的心理，从而得到客户由衷的欣赏。

杰克·哈瑞一直强调在销售的过程中打动客户心理的重要性。在他看来，销售人员可能会在推销的过程中遇到许许多多不尽如人意的事情，在这种情况下，一些经验不足的销售员就会方寸大乱，甚至不知道该如何将销售工作进行下去。而那些经验丰富的销售人员，在他们向客户提问以及回答客户提问的过程中，他们会借助不同的策略方法为自己打造一个便于销售的氛围，这样才能打动客户的心理，因为他们知道，想要拿下订单，就需要拿下客户的心。

总之，现实销售过程中，销售人员在应对客户时，会遇到各种不同的情况，这就需要机智灵活地面对和解决问题。同时与客户谈判一定要讲究技术性和艺术性，做到有礼有节，这样才能打动客户的心，得到客户认可，才能让客户慷慨地签下订单。

第五步

适度赞美

——记住：赞美是最好的沟通方式

适度的赞美不但可以拉近人与人之间的距离，更能够打开一个人的心扉。赞美是对人的一种高度的认可，可以说在生活中没有人不喜欢听别人赞美自己，也没有人不需要赞美。赞美不仅能使人的自尊心、荣誉感得到满足，更能让人感到愉悦和受鼓舞，从而对赞美者产生亲切感，相互间的交流氛围也会大大改善。喜欢听赞美是人的天性，是正常的心理需要。赞美有助于增强一个人的自尊心和自信心。当交际双方在认识上、立场上有分歧时，适当的赞美会发生神奇的力量。不仅能化解矛盾，克服差异，更能促进理解，加速沟通。所以，善交际者也大多善于赞美。

销售人员在和客户打交道的过程中也要学会对客户进行赞美，这样可以使客户产生愉悦和满足感，拉近与客户之间的距离。当销售人员与客户产生分歧的时候，对客户进行适当的赞美也更容易被其接受，为成功交易创造良好的氛围。但是，作为一种沟通技巧，对客户的赞美并不是完全没有技巧的，不能张口就来毫无根据。因为在对客户的拜访中，客户是对你有提防心理的。如果你的赞美太过反而会让对方反感，对方会认为你是在阿谀奉承，目的就是想把产品卖给他。因此，销售人员在拜访客户时，不仅要学会赞美客户，还要懂得怎样赞美客户。只有这样，销售人员的赞美才能让客户愉快地接受，从而为销售工作创造良好的环境。

1. 了解人性，善用赞美抓住客户的心

赞美是人类最美的语言，它也是销售人员在对客户进行陌生拜访时最重要的“气氛调节剂”，能为销售人员和客户之间创造轻松的谈话气氛。但就像声音一样，在人们不想听到它时，再优美的旋律都可能成为噪声。赞美也一样，虽然通常情况下，赞美可以令客户心情愉悦，但如果赞美不合时宜或不对客户的口味，就会起到反作用，引起客户的反感，也就是俗话所说的“拍马屁拍到马蹄子上了”。所以，如何将赞美说到客户的心坎儿上是销售人员的一门必修课。首先，销售人员在拜访之前对客户的资料信息要进行充分了解，这样在见到客户后才有话可聊，并为接下来的赞美创造良好的气氛。同时，销售人员也要学会察言观色，对客户的现实状况能准确把握，在与客户交流时对客户释放的任何信息进行深层次地剖析和理解，这样对客户的赞美才能“深入人心”。

赞美是需要技巧的。当销售人员在苦恼自己对客户的赞美已经很卖力客户却毫无反应的时候，销售人员就该反思一下：是不是自己的赞美方式有问题？有时候，赞美的方式不对也难以赢得客户的心。首先，顾客在面对销售人员的第一次拜访时，是十分挑剔的，也会对销售人员各方面的表现提出更严苛的要求，其中就包括销售人员对他的赞美。事实上，也许在你之前客户已经重复听过很多遍这种赞美之辞了。第一遍他们可能会觉得新鲜并很容易被感动，第二遍就很难产生强烈的好感了，随着听的次数增多，他们对这种赞

美产生的感觉会越来越淡，最后可能会变得厌烦。可想而知，在这种情况下如果销售人员还是“老调重弹”对客户进行毫无新意的赞美的话，不但不会给自己的陌生拜访带来任何帮助，还会因为客户反感重复赞美而反感销售人员本身，最终连带反感公司的产品。这种情况下，销售人员对客户的陌生拜访很可能会以失败收场。

销售人员在对客户进行赞美时，最重要的就是能够对客户进行有效赞美。赞美就像食物一样，贵精不贵多，关键要看营养成分多不多，食用者能不能消化吸收。只要赞美能够让客户从心底接受并感到心情愉悦，那么你的赞美就起到作用了，而只有这样的赞美才是最有效的。因此，销售人员在对客户进行陌生拜访时，赞美要做到有的放矢，准确击中客户的“要害”，切忌毫无目的地进行“填鸭式”的赞美。哪怕你的赞美方向是对的，但言多必失，当你的赞美太过肉麻而露出马脚时，客户就会将他前期对你的提防心理又重新抬起来，这样你前面努力打下的基础就前功尽弃了。当客户对你重新产生这种提防心理的时候，也意味着你的拜访工作归于失败。

赞美要根据场合和气氛循序渐进地进行，初次拜会客户，赞美不应该太过。因为过于强烈的感情色彩会引起客户的反感，他会认为你的赞美是一种谄媚和奉承，不过就是为了出售产品所使用的销售伎俩。对初次见面的客户来说，他们的这种心理在客户中会占到大多数。因此，销售人员在对客户进行陌生拜访时，如果不是在特别有把握的情况下，应当尽量克制自己的赞美冲动，礼貌性地对客户进行简单和短时间的赞美即可，这也可以帮助自己在客户面前留下一个好的印象，即你不会轻易去赞美客户，这样在你以后对客户进行赞美时，客户可能就会有更强烈的反映。正是因为他们认为你不会轻易赞美别人，你的赞美才会显得真实和珍贵，也才更容易说进客户心里。

有时候，客户的性格和价值观也决定着你的赞美能不能起到效果，或者说会起到什么样的效果。比如说，有些客户本身很优秀，他已经对人们的赞美习以为常了，甚至会对人们的赞美生出一种逆反情绪，即他认为那些喜欢赞美别人的人都比较虚伪和谄媚，是一种没有能力的表现。这时候，你对他的赞美可能就会撞到枪口上，这就需要你随机应变，并从客户的反应中洞悉客户的心理。很多客户都讨厌那种巧舌如簧的人，认为这样的人不实在。所以，如果你能见机行事用行动来表达自己的赞美，将大大提升你在客户心目中的形象。因此，当他们想要什么，或者关注什么问题时，你都能从行动上给予回应。这样客户就会感到愉悦，他们像那些愿意在语言上接受赞美的客户一样感到心情愉悦，他们认为你用行为表示了你对他们的尊重，这对他们来说就是最好的赞美。

另外，赞美也有直接和间接之分。当然，一般情况下，直接赞美会让客户有更加直观的感受，也能向客户展示你的诚意。但有些客户并不是这样的，很多人对自己关注得并不多，而是会把注意力集中在亲人身上，比如父母对孩子十分关注，他们认为孩子非常优秀，一定会超过他们，孩子就是他们的骄傲。同时，这些客户又会认为自己本身并没有什么值得赞美的，或者他们讨厌别人拍他们的马屁，他们自认为最了解自己，一旦销售人员的赞美与他对自身的评价有出入时，他们就会认为你在阿谀奉承。在这种情况下，你的赞美就会遭到他们的反感，相反，如果你对他们孩子进行赞美，反而会迅速地赢得他们的好感。如果销售人员在对这种客户进行陌生拜访时，能够抓住核心，赞美他们的“痒点”，就能让你的赞美深入客户的内心，让客户产生优越感和自豪感。这将给你的陌生拜访带来很大的帮助。另外，间接赞美就是借别人的话来赞美客户，这样既可以加强赞美的效果，又能抹掉你的拍马屁之嫌。

虽然销售人员在拜访客户时碰到的客户心理纷繁复杂，但只要销售人员能事前做好充分准备，对客户的信息进行充分了解，在与客户打交道的过程中认真总结分析，就能摸清客户的秉性和脾气。销售人员再根据客户的脾气秉性对客户进行有效的赞美，就能深入客户的内心，并帮助销售人员赢得对客户陌生拜访的成功。

2. 记住：陌生客户最需要的就是赞美

在现实生活中，每个人都渴望被赞美。赞美在生活中看似平淡无奇，其实背后有很强的哲学含义。美国机能主义心理学派创始人之一威廉·詹姆斯就曾说过：“人类本质里最深远的驱动力是希望看到自己在这个世界中的重要性。他人的赞美是人类心灵深处最渴望得到的。”这种需求也反映了人类作为高等动物区别于其他动物的社会性，也正是这种需求，产生了丰富的人类文化，甚至可以毫不夸张地说，人类的进步就是建立在对赞美的需求之上。

随着人类社会的不断发展，社会分工越来越明细，各种人才也越来越多。人们面前的机会越来越多，选择也越来越多，尤其是在充满竞争和挑战的城市中，人们越来越感到迷茫和无助，很多人找不到自己的位置，更看不到自己的重要性，在人们因为身体的劳累和心灵的迷惘而感到心力交瘁的时候，他人的一句赞美，哪怕十分简单，也可以让我们释怀。在社会生活中，每个人都需要他人的赞美，在商务场合中更是如此。虽然销售人员在对客户进行赞美时，都带有推销的目的，但只要赞美的时机、方式、内容得当，依然可以让客户感受到自己的个人价值和存在感。

当然，这种商务场合下的赞美多少都会被客户从心里打上折扣。原因很简单，首先，双方是站在利益的对立面，至少很多时候双方都会这么认为。因此，一开始，客户就会带着一种提防心理来看待销售人员的一切活动，其中也包括赞美。很多客户会戴着有色眼镜来看待销售人员的赞美，他们认为，销售人员的赞美无非就是为了和他们拉近关系换取信任。

不过，可以肯定的是，客户是需要赞美甚至是渴望被赞美的，这就需要销售人员在对客户的赞美上做到程度合适、方法得当、内容可取，只要能把赞美说到客户心里去，无论客户的心之前有多么封闭，你都可以用赞美将它打开。所以说，客户不是不需要赞美，而是需要适度的赞美，以及略带新意的赞美。这需要销售人员前期一定要做好搜集客户资料的功课，与客户交谈时要善于发现和总结，尽量发掘客户身上那些平常人注意不到的地方进行赞美，这时客户才会感觉到你对他的赞美是真心的，至少是用心的，这样的赞美让客户听起来会感到新鲜，也更容易深入内心。这时，客户就会乐意与你交流，并热切期盼着你对他的下一次赞美。在这种气氛下，销售人员对客户陌生拜访获得成功也将是情理之中的事情。

但是，怎么才能达到这种效果也是个难题。除了准备充分、善于发掘，还需要销售人员在对客户进行陌生拜访时保持一种良好的心态。也就是说，销售人员要有自信。很多人可能会认为，用一种弱势甚至是卑微的形象去赞美客户会让客户感到更加有面子，其实这是错误的看法。在绝大多数的情况下，自信会让你的赞美也显得更真实、更理直气壮，客户听了也会更乐于接受。这种自信来源于对你个人能力和对产品的自信，如果你对这些方面没有自信，将很容易导致你在客户面前产生自卑和祈求心理，这种心理不但会影响你与客户的正常交流，也会让你的赞美难以赢得客户的心。如果你在客户面前没有自信，你的赞美也会充满谄媚的味道，这样客户接受的效果会大打折扣。因此，在对客户进行陌生拜访时，自信很重要。只有你自信了，客户才会尊重你和你的产品，在交流时才会向你传递更多的个人信息，这样你就会有更多的机会去发现和发掘客户身上那些常人不会留意的优点，而且你对客户的赞美也不会有谄媚的味道，客户会因为尊重你而对你的赞美倍加重视和珍惜，这样的赞美才能发挥它最大的效果。

虽然对客户的赞美有利于销售人员对客户进行陌生拜访，但赞美毕竟只是用来调节交谈气氛的，它无法成为拜访和销售取得成功的决定性因素。销售人员在对客户进行陌生拜访时应当明白这样一个道理："赞美永远只是对客户展开销售活动的辅助手段，赞美只有在你的其他销售手段顺利的情况下才能相得益彰，发挥它应有的作用。"也就是说，只有在产品具备相对优势的情况下，你的赞美才有可能成为产品最终赢得胜利的一个砝码。所以，销售人员在对客户进行陌生拜访时，不要奢望仅仅用赞美就能获得拜访的成功，甚至直接将客户拿下。只有对赞美有正确的认识，销售人员才能对客户用好赞美这种销售手段。

赞美一方面是为了增强客户对你的信任，为交谈创造良好的气氛，向客户推销产品打好基础；另一方面，对客户的赞美也是作为一种回报，如果销售人员能用一种感恩的心去看待和客户之间的关系，就会觉得客户能花时间接受自己的拜访，听自己对产品的介绍本身就需要自己保持一颗感恩之心。不管客户最终会不会购买产品，对他们赞美也可以算是对他们的一种回报。正所谓"做销售就是做人"，销售的过程就是你积攒人气的过程。只要你在销售过程中坚守正确的为人处世之道，客户一定会被你的人格魅力所打动，即使他们不买你的产品也会尊重你，他们也会在有需要的时候第一时间想到你。这就是一种客户的积累。

人与人在搭建一座心灵之桥之前，先要搭建一座语言之桥。而搭建语言之桥所需要的材料就是赞美。赞美之所以能够取得效果，是因为每个人都喜欢和尊重自己的人交流。这样的交流会让他们增强自己的存在感，感受到自己的重要性。他们会将购买产品当成一种享受你赞美的回报。日本著名销售大师原一平说："赞美是我销售成功的法宝！"每一个销售人员在对客户进行陌生拜访时，都应该学会去赞美客户，因为每一个客户都需要赞美。当你能满足客户的这种需求时，你对客户陌生拜访的成功机会就会大大增加。

3. 用赞美形成的强大心理暗示引导客户

作为销售人员，在面对客户时，赞美是赢得客户好感的重要手段。客户会因为你恰到好处的赞美而对你心存感激，他们愿意花时间和精力来和你沟通，甚至花钱购买你的产品，这都可以看作是对销售人员赞美他们的一种回报。一名销售精英必须懂得用赞美客户的方法来为自己开展的销售工作服务。在和客户沟通中，恰到好处的赞美能让客户获得充分的满足感，那时的客户就会在心理上形成一种绝对开放的需求状态——等待你更多的赞美。这时候，客户的心态是最放松的，如果销售人员能将赞美用在产品的销售中，那么赞美给人形成的强大心理暗示作用就会帮助你把客户吸引到你所销售的产品上来，在这种情况下，客户也是最容易接受产品的。

在一家服装超市，一对中年夫妻正在挑选衣服，妻子看中了一件漂亮的晚礼服，丈夫也觉得很好看。可是一看衣服的价格，贵得让人咋舌。妻子是个会过日子的人，看到价格之后立刻决定不买了，丈夫也附和着答应了。销售人员见到这种情况，马上对这位女顾客说："买下它吧，您看它和您多配啊，虽然贵了点，但这件衣服能衬托你的美丽。"这句话一下子就说到夫妻二人的心坎儿上了，妻子心里想："是啊，我本来就很美丽，只不过这些年为了丈夫和孩子，为了操持这个家而没有时间和心情来打扮自己，不过这种被掩藏起来的美丽也许再过几年就会逐渐消失了。"丈夫也感谢销售人员能够发现他妻子的美，他也觉得这些年因为家庭让妻子吃了很多苦，妻子不能好好打扮自己，这是自己对她的亏欠。丈夫坚定地对妻子说："买下吧，你趁着还年轻也打扮打扮自己。"妻子点点头，她感受到了丈夫对自己的体贴。因为销售人员的这一句赞美，这对夫妻很快决定买下这件礼服。

从这个案例中可以看出，赞美不仅容易被人们接受，同时也能对人的心理起到很强的暗示作用。销售人员将赞美运用到销售工作中后，客户就很容易在这种赞美中接受销售人员的建议，最终完成交易。

可以说，不管亲人朋友之间的交往还是陌生人之间的交往，赞美都能给人带来强大的满足感。通常情况下，陌生人的赞美可能要比亲人朋友的赞美带来更强的心理满足感，而亲人朋友的赞美则要强于自我赞美给人带来的心理满足感。也就是说，在生活中和这个人的关系越远，对这个人的赞美给他带来的满足感也就越强。因为，在很多人看来，越是与自己关系远的人，他们的评价可能会越客观。因此，销售人员在对客户进行陌生拜访的时候，要学会正确而充分地在客户身上使用自己的赞美。只要赞美有一定的客观依据，就会在客户心中形成强大的心理暗示，这时就是销售人员开展销售工作的最好时机。比如说，销售人员称赞客户事业有成的时候，客户就会自然而然地从心底升起一种自我满足感，在需要客户掏钱的时候，他可能会想："我现在的工作不错，以后钱也会越赚越多的，这点钱算不了什么。"只要销售人员通过借用一些客户身上的客观条件作为依据来对客户进行赞美，就很容易对客户形成强大的心理暗示。至于能否利用好这种心理暗示，就要看销售人员的赞美技巧了。总之，赞美的关键是你的赞美能让客户接受，并使他得到强烈的满足感。如果有需要，客户也会不惜用现实的手段来进行维护和加强这种感觉。比方说，销售人员赞美客户事业有成，家境富裕，客户接受这个赞美时，他就有可能形成一种心理暗示，那就是"我是个有钱人，至少我在这个销售人员的眼中是个有钱人"。那么，当你让这个"有钱人"来购买你的产品时，他为了通过在你面前展示出有钱人的形象来保持自己的满足感，就可能会购买你的产品。

当然，世上许多事物都是贵精不贵多，赞美也同样如此。销售人员一定要学会使用好自己的赞美，既不能过多，也不能胡乱赞美。如果销售的痕迹太过明显被客户看了出来，那么销售人员接下来的赞美就可能对客户起不到什么作用了，一旦客户对销售人员的赞美产生免疫甚至排斥，那么赞美得越多，销售人员在客户心中的形象就会越差。这样不但对销售没有帮助，还可能带来负面影响。客户就会想："这家伙为什么拍我的马屁，还不是想让我买他的产品，说不定是因为产品质量不好才这么做的。"因此，销售人员在赞美客户时，一定要慎重。销售人员在赞美客户之前，应该充分了解，有效沟通，要确定抓住客户身上的优点来赞美才会引起客户的共鸣，这样的赞美才是有效的，才能给客户带来有利于开展销售工作的强大心理暗示。因为在销售人员与客户开展交流时，客户的心理总是存在着不安全感。因此，大部分客户即使认可产品，对产品有需要，都会在产品交易这个环节上保持一种消极态度，一方面他们觉得自己在产品的信息了解上处于劣势，所以即使是对销售人员的建议保持接受的姿态，他们也不会表现出购买产品的主动性；另一方面就是，客户会认为自己在买卖过程中是占据优势地位的，这样可以让销售人员随时保持危机感，不至于轻慢了客户，以维护客户自身的利益。

所以说，通过销售人员的不断赞美和激励，客户有可能最终购买产品，销售人员对客户的赞美事实上就是起到了一个引导和鼓励的作用，并对客户形成心理暗示，这种暗示的强弱也取决于销售人员赞美的技巧，如果销售人员过度赞美，可能会对产品的顺利交易形成阻碍。如果心理暗示恰当的话，甚至可以让客户形成一种比较固定的心理意识，一旦这种心理意识是有利于产品销售的，就能成功地将客户引入到对产品的需求上来。这种引导将使客户形成一种强烈的意识，那就是"这种产品是我目前状态下所需要的"。

4. 受客户欢迎的最佳方式就是赞美

对用陌生拜访这种方式开发客户的销售人员来说，你首先要做的不是让客户去接受自己的产品，而是接受自己。如果客户还没接受销售人员，销售人员就直奔主题地去介绍产品的话，效果肯定不会很好。因为这时的客户是对你处在一个不信任的状态中，他们对你的一切都充满了怀疑，很大的原因是他们没有接受销售人员这个人，这个时候，哪怕你介绍再多的产品信息，客户也会认为产品的质量不会太高。所以在和客户进行交流时，销售在熟知说什么后，更应注重怎么说。客户每天都可能会碰到很多销售人员，每个销售人员说话的内容基本上是一样的。这时，如果销售人员在和客户进行交流时，说一些让客户舒心的话，赞美客户，无疑会让销售人员更快地得到客户的认可。可以说，赞美客户是最让客户感到舒心的方式了。

销售人员应该把赞美当成是对客户的附加服务，在和客户交谈的过程中对客户进行赞美，根据不同的客户、不同的情况去赞美，在客户向你讲他们的“光辉岁月”时，要注意倾听，并以赞美作为回应，这样既能让客户觉得你对他的成功人生经历很认可，又能感受到你对他的尊敬。正所谓“朋友易得知己难求”，如果销售人员能够对客户的这种展示心迹的行为给予认可，客户就会把你当成朋友、当成知己，试想一下，当你向一个朋友甚至是知己推销产品的时候，自然会容易得多。

实际上，做销售就是在做人，一个人的人格品性如何，决定着他能在销售这条道路上取得多大的成绩。销售人员应该清醒地认识赞美的重要作用和意义。现今社会，对客户的赞美几乎成为对客户必要的附加服务。因为现在的客户对产品的要求越来越高了，他们对产品的要求也已经不仅仅局限于能够满足他们的使用需要那么简单了，他们还要求自己在使用产品的过程中，自己的价值也能够得到体现，地位也能够得到尊重。而销售人员的赞美，正好能够让客户从购买产品的过程中，得到物质上和精神上的双重享受。另外，销售人员也需要对自己赞美客户的这种行为做好思想工作。

首先，销售人员要认识到，对客户的赞美已经是当今社会一种不可或缺的销售技能了，没有良好的赞美能力你就无法在激烈的客户竞争中赢得胜利；其次，对于销售人员来说，他的收入就来自客户对产品的购买，所以说客户是销售人员的衣食父母。销售人员可以把对客户的赞美当成是一种感恩，即使客户最终没有购买产品，他们花费时间来听我们介绍产品，接受我们的销售活动，就是对我们的一种付出。因此，我们对他们进行赞美也可以算是一种回报。只有从心里想明白这个道理，我们对客户的赞美才越发自肺腑，也越能让客户感受到我们的诚意。

如果销售人员能够认识到赞美客户的价值，就会更加积极地去赞美客户。这时候，客户身上可以赞美的地方就会显得很多，当客户向你递过他的名片时，你就应该赞美客户本人比照片上的更年轻、更英俊，也从客户的职位上赞美客户年轻有为，或者从客户的工作单位上赞美客户有一份好的工作，等等，这些赞美并不一定会给客户带来很大的满足感。因为，这些明面上的赞美点一般人都能发现，客户也可能听过很多了，但毫无疑问这些肯定是有用的，至少客户会因为你的赞美给你继续说下去的机会。这也为你接下来发现客户身上那些不易被发现，或者不常被赞美的优点奠定了基础。如果销售人员能在接下来的交流中发现这些优点并进行赞美的话，那么就很容易引起客户心理上的满足感。在这种情况下，客户对销售人员的好感会进一步加强，这就为达成交易奠定了坚实的基础。

总之，只要销售人员有高超的赞美技巧，能把赞美说到客户心坎儿上，客户甚至会把和销售人员的交流看作是一种享受，这时候销售人员和他交流已经不是一种带目的性的销售活动了。既然你能比其他销售人员给客户带来更大的满足感，客户就会更青睐你的产品。

作为陌生拜访这种方式来说，客户肯定会因为销售人员的这种“强制性”拜访而有所怀疑和反感，这种心理也是销售人员以陌生拜访的形式开发客户时，遭遇高拒绝率、高失败率的重要原因之一。因此，要想顺利开展销售工作，首先就要化解客户的这种心理，通过积极赞美客户，拉近与客户之间的距离，让自己成为客户心目中一个受欢迎的销售人员。一个懂得赞美别人的人一定会有很多朋友，一个懂得赞美客户的销售人员也会有很多优质的客户。懂得赞美能让销售工作开展起来更顺利，也能帮助销售人员在销售这条道路上走得更远。

5. 适度的赞美：创造良好沟通环境的不二法则

在对客户进行陌生拜访时，赞美可以帮助销售人员拉近与客户之间的关系。但是，作为与客户的第一次见面，客户在各个方面对销售人员会十分挑剔，这也是客观环境造成的。首先，客户不知道销售人员到底是一个什么样的人；其次，客户知道销售人员和他们攀谈就是为了把产品卖给他们，从他们那里获得回报。因此在这种利益矛盾下，客户会对销售人员严防死守，只要销售人员有一丝懈怠，就可能导致所有努力前功尽弃。而赞美这种“促销手段”在对客户进行陌生拜访时就是一把双刃剑，运用得当会对销售人员顺利开展销售工作大有裨益。俗话说得好“千穿万穿，马屁不穿”。恰到好处的赞美可以让客户在听到后心情愉悦，放松对销售人员的警惕，从而容易建立轻松的气氛。在这样的气氛下交流，销售人员成功的概率自然会大大增加。但是，如果销售人员一见到客户，不管三七二十一就是一顿“乱捧”，势必会遭到客户反感。客户会认为这个人太虚伪，为了达到推销目的不择手段。因为在最陌生的时候，也是客户的逆反心理最强的时候。所以，销售人员对客户的赞美最好适度而且有根据，要让他感受到你对他的认可和尊重，并且你对他的赞美是发自内心的。这时，客户就会对你产生初步的信任，并且还会期待着你对他的再一次赞美。客户越对你放松警惕，你的赞美就越容易让他接受，他对你赞美的“宽容度”也就越高。

赞美是一种艺术，赞美不仅有“过”和“不及”，而且还有赞美对象的正确与否，不同的顾客需要不同的赞美方式。赞美方式的正确选用和赞美程度的适度把握，是对客户赞美是能否达到实效的重要衡量标准。

为了赞美能够符合客户的实际，销售人员需要尽可能地对客户的各种信息进行了解，以确保对客户的赞美都是不争的事实。赞美时，用词要朴实真诚，切忌用华丽的辞藻，不然会让客户觉得很假，并从中看出你的动机。在这种情况下，你的赞美越多客户的反感会越强烈。其次，在对客户进行赞美时，时间的把握也很重要。对顾客的赞美要在适当的时机说出来，这样才会显得你的赞美是非常自然的。同时对于顾客的赞美可以适当加入一些有趣的调侃，让客户觉得你是站在一个平等的角度在和他交流，这样更加容易调节气氛，让顾客心里感觉非常舒服。

不可否认的是，客户占据着一定的优势地位，这就需要销售人员在对客户进行陌生拜访时，以赞美来消除客户的戒备心理、拉近双方之间的关系，并可以给客户最后一击，扭转销售人员的不利地位。除了扭转销售人员在这种场合的不利地位外，赞美也是对客户的一种回报。不管客户是否最终够买我们的产品，他们花费时间来接受我们的推销，甚至还会花金钱来购买我们的产品，这些都可以看作是对我们的馈赠。在销售领域传扬着这样一句名言："做销售就是在做人。"因此，我们要做好销售就要怀着感恩的心去回报客户，除了将好的产品和服务卖给客户之外，我们在心理上的感恩更能反映个人为人处世的涵养。

赞美就是销售人员从心理上对客户感恩的一种体现。因此，如果销售人员能够在心理上对赞美客户这种行为有一个正确的认识，就能有更加积极的心态去面对客户，对客户的赞美才会更真诚更自然。只要客户能感受到销售人员的诚意，他们就能很快地接受销售人员。这样，销售人员就能为对客户的陌生拜访创造一个轻松的环境。

切入主题

——把简单的陈述变为客户明确知道的答案

销售人员在对客户进行陌生拜访时，应该学会用简洁的语言在短时间内将产品的有效信息传递给客户，以引起客户的兴趣。只有这样，才能获得与客户继续交谈下去的机会，并在后期对客户进行跟踪回访。随着当下社会节奏越来越快，人们的各种日程安排也越来越紧凑。作为对客户进行陌生拜访的销售人员，客户对你的各方面要求都很高，如果你不能在短时间内将客户关注的信息和问题传达给他们，就很可能让客户对你的拜访失去兴趣，最后直接拒绝和你的继续交流。客户之所以能够倾听销售人员的讲解，是希望从中获取产品的信息。所以，销售人员在第一次拜访客户时就要尽可能地将客户想知道的信息传递到位，这样也能比较容易地得到客户的信息反馈，了解客户的购买意愿或需求信息，以便做出是否进行后期跟踪的决定。销售人员切忌在和客户交流时碰到客户感兴趣或愿意交流的话题就毫无节制地攀谈，而疏漏了产品关键信息的介绍。哪怕销售人员和客户聊得再投机，客户也有可能拒绝销售人员提出的让其购买产品的要求，那么销售人员前期的工作就白费了。正因为销售人员没有将产品的有效信息告诉客户，没有切入主题，所以才导致了交易的失败。这就要求销售人员在第一次拜访客户时就要把产品的关键信息告诉客户，只有这样，拜访工作才会是高效的。

1. 直接告诉客户最关心的问题才能节省时间

对用陌生拜访这种方式开发客户的销售人员来说，要想获得成功，前期对客户的开发一定要积累足够的量。每一个客户的开发都是从陌生客户开发经过筛选之后，留下比较有意向的客户后再进行二次开发，最终形成自己的客户群体。要积累足够的客户量，销售人员就要有高效的开发进度。销售人员每天的工作时间是有限的，要想用有限的时间开发出大量有意向的客户，就要求销售人员能在短时期内将客户关注的信息告诉客户。而客户在了解到这些他们关注的问题后会给销售人员一个比较明确的表态，这个表态就成为销售人员判断客户的需求度的重要依据。只要客户在自己想知道的信息上得到了答案，他们的大致意向就不会发生太大的改变了，一些细枝末节的问题在销售人员下一次的跟踪拜访中就可以解决了。这也会大大节省销售人员拜访客户所需要花费的时间。

在对客户进行拜访时，应该将时间的长度按照各个信息的重要性或者客户的关注度来进行合理分配，重要或者客户关注的信息可以尽量早一点儿讲出来，并花一点儿时间用扬长避短的方式来将它阐释清楚，如果这个问题是产品的优势，销售人员可以将它尽量发挥出来，给客户留下更深的印象，从而产生购买冲动。如果这个问题是产品的劣势，销售人员也要用产品的其他优点来冲淡这一问题给客户带来的顾虑。只要销售人员将这些客户关心的问题向客户解释清楚了，客户的最终意向就会带有决定性，这种决定也往往是销售人员短时期内难以改变的。这时，就可以根据客户的意向果断地决定是否要继续沟通。如果你把大量的时间浪费在一些无关紧要的问题上，哪怕优势再强，客户再满意，只要客户关心的问题得不到解决，都难以让客户产生购买意向。原因很简单，这些客户最关心的问题往往是客户自认为最核心的利益所在，也是产品的核心价值所在，这些问题能否满足客户的要求对客户的购买意向起着决定作用。如果销售人员在信息的传递上没有区分轻重缓急甚至本末倒置，将会给工作带来很大的困难。

王建是一家专门生产新型饮水机公司的销售人员。一天，他去拜访一个陌生客户，和客户见面没多久，王建就用自己的三寸不烂之舌将谈话的气氛调动了起来。通过他对饮水机的功用的介绍，客户有点动心了。就在客户即将下定决心要购买的时候，提出了自己最关心的问题，那就是饮水机的价格。王建开始耍小聪明了，因为他知道价格是这种饮水机的劣势，而且客户现在的兴致很高，他觉得应该把关系再拉近一点，那样说出来客户的排斥性会更小一点。于是，他敷衍地说：“大哥你放心，这种饮水机不贵，绝对物超所值，而且像您这种有钱人也不会在乎这点钱，比起健康来钱又算得了什么呢，你说是吧？”客户被他的话挡回去了，他也是个要面子的人，而且看王建那样轻描淡写，觉得应该不会特别贵。想到这里，便没有再问下去，他自己也设定了一个心理价位，心想：“这个小伙子还不错，只要价格没超出预期，就买一个得了。”于是，客户对王建说：“小王，既然这样，只要不是特别贵，我就买一个吧。”王建听了，一看有戏，于是来个临门一脚，马上说：“大哥那好，明天我就把产品带过来。”第二天一早，王建就从公司带了一台饮水机过来，客户感觉还不错，便问了价格，这时王建见没法再回避了，于是硬着头皮报了 8000 元的价格，这个价格还是最低的优惠价了。

为了掩饰价格这一缺陷，王建又试图将话题引向产品的功能上，但这时已经不管用了，高昂的价格远远超出客户的心理价位，但王建的销售活动已经进行到这个环节了，客户为了扭转自己的不利处境，直接用冷淡的语气对王建说："这个你拿回去吧，我们家暂时用不上。"因为客户认为，如果这时候在原有的气氛下交流肯定对自己是不利的，他转变成这种冷淡的态度也是出于保护自身利益。

王建被客户这种180度大转弯的态度搞蒙了，好像两人的关系一瞬间又回到了完全陌生的境地。当这个刚才还和他谈笑风生的客户用那种像其他不需要的客户那样的语气拒绝他的时候，王建也无计可施了，最后只得沮丧地把产品带回了公司。这次的销售对王建的打击很大，他认为自己的销售能力无可挑剔，销售失败的主要原因是产品没有竞争优势，没过多久，王建就离开了这家公司。

从这个案例可以看出，及时解答客户关注的问题对促使客户达成购买意向是十分关键的。在对客户进行拜访的过程中，哪怕你其他方面的沟通做得再好，客户关心的问题你不能沟通并解决好，也很难说服客户直接跳过或者忽视这个问题去购买产品。前文也提到了，客户之所以关心这些问题，是因为客户认为这些问题会影响他的核心利益，或者客户认为这是产品的核心价值所在，如果连这些问题销售人员都不能向客户解释清楚，客户怎么可能会购买销售人员的产品呢？在这种情况下，销售人员的拜访工作只是一种浪费时间的无用功。

销售人员在对客户进行陌生拜访时，经常会碰到客户这样的拒绝方式："我现在比较忙。"作为一个优秀的销售人员，肯定不能被这种说辞所拒绝，一般的销售人员都会说："那我就耽误您两分钟（当然也可能是三五分钟），把我们的产品向您做一个简单的介绍。"一般在有较短时间限制的情况下，客户通常不会拒绝你，因为这样他既不用担心你会长时间纠缠，又可以了解产品的信息，而且他们也对产品充满了好奇。这时候，就需要你在短时间内将客户最关心的问题告诉客户，并能引起他的兴趣，那么你的任务就算完成了。你甚至可以趁机向他发出购买邀约，或者提出下一次拜访的邀约，甚至很多客户会因为你让他们得知了他们关心的问题而给你更多的时间让你接着讲下去，这证明客户已经对产品产生了兴趣，这样你出售产品的概率也会大大增加。

因此，作为前期用陌生拜访这种方式去开发客户的销售人员来说，只有将客户最关心的问题快速地回复给客户，销售人员才能在加快开发速度的同时提高效率。在这种情况下，销售人员圈定的潜在客户是相对优质的。快速回答客户最关心的问题；一方面会让客户觉得销售人员的服务态度好，能够为客户的利益着想，另一方面也会让客户觉得销售人员很专业、干练，对自己的业务很熟悉，这会给客户留下良好的印象，为客户接受销售人员和产品打下坚实的基础。快速回答客户关心的问题，可以让销售人员从客户的反应中尽快了解客户的需求度，以便从大量的客户中确定潜在客户，这样销售人员就能有更多的时间用在那些更有意向的客户身上，做到重点客户重点开发。而这种意向度就来自销售人员告诉客户关心问题后客户的满意程度。如果客户对销售人员的解释不满意，那么他们购买产品的概率就会大大减小，销售人员可以一次给这个客户定性，并由此做好时间的分配，这可以减少销售人员在那些意向度不高的客户身上花费的时间。

2. 切记：客户最反感的就是说话啰唆

在人与人之间交流的过程中，很多时候，啰唆一堆不如精炼一句。语言在精不在多，这是语言沟通的核心。因为说话的目的就是交流，就是要把信息通过说话的方式传递给对方。那种一说起话来就喋喋不休、啰哩啰唆的人，一般会被看作是口才不佳、逻辑思维不强的表现。当然，作为销售人员来说，他们有时候说话啰唆可能一方面是在向客户显示自己的专业水平，另一方面则是怕客户听不明白，或者说话太简单直白容易让客户反感。其实，如果一个人想要进行高效的沟通，就必须让自己的语言简练，这样才能让对方很快明白你的意思。在当今信息爆炸的社会环境和快节奏的生活中，很多客户都希望能用最短的时间得到最有用的信息，以便于自己准确和快速地做出判断，而不至于花费太多的时间，耽误了做其他事情的时间。如果销售人员说话太啰唆就会让客户感到厌烦，在这种处境下，销售人员对客户的陌生拜访就会失败。

说话啰唆，不懂得进行语言提炼，是一种不良的语言习惯，将会给你与别人的交流带来困难。在销售人员对客户进行陌生拜访时，如果客户因为你说话太啰唆而不愿听或者只是敷衍你，那么你说得再多也只会是毫无价值的自言自语。这样不仅会浪费客户的时间，也会浪费自己的时间。

作为销售人员来说，要搞好销售，关键就是抓住顾客购买的主要因素，只有将产品中体现这些因素的信息作为重点对客户进行简明扼要的介绍，才能尽可能快地勾起客户的购买欲望。为了有针对性地对客户继续进行产品的介绍，就需要销售人员充分了解客户的真实想法。要了解到客户的想法，就必须懂得如何去倾听和提问，并鼓励顾客说话，而不是自己滔滔不绝。通过顾客的回答，分析出顾客的关键需求，产品就能轻而易举地销售出去。首先要发现顾客是否有要购买的关键因素，然后往购买的方向上去引导顾客，这才是有效的拜访方式。

中国有句古话叫“言多必失”。说话太多有时候并不是一件好事。销售人员在和客户交谈时，除了对产品的介绍，还有一个重要作用就是思维的引导，这种引导可以对产品各方面的构成要素实现扬长避短，从而激发客户产生购买的冲动。如果话说得太多，就很容易把产品的不利因素也带出来，这样反而会对产品的销售起反作用。实际上，每一件产品都不可能是完美的，比如说，价格便宜的产品往往质量较差、市场知名度低，而拥有品牌效应的产品价格往往比较贵，这些都是市场规律。但在客户那里，这几乎又是难以调和的矛盾，因为任何客户都希望自己能用最低的价格买到最好的商品。因此销售人员需要做到的就是要用自己的话对客户的思维进行引导，让客户的思维趋向于产品的优势。然而，说太多话会让销售人员和客户的交谈失去重点，很多时候，一场漫无边际的谈话会让销售人员的思维产生混乱。当销售人员无法用紧密的逻辑思维去开发客户时，即便和客户的交谈气氛再好，也不能将客户往销售的方向上引导，这对销售人员的销售工作毫无帮助。

一些销售人员总喜欢用过多的话来介绍简单的问题，认为可以通过委婉曲折的手段达到目的，这样可能会让客户感觉服务态度更好、更周到一些。殊不知，这样的想法恰恰是错误的。销售人员和客户维系关系的纽带就是销售，只要销售人员说的话能够对销售起到最大的帮助，那就是应该说的话。而这一点对客户来讲也同样如此，因为客户之所以能听销售人员说话，也是对产品产生好奇或者感兴趣了，他们也希望尽快从销售人员口中得到产品的相关信息。所以要记住，话贵精不贵多，说话要简洁，语言要简练。啰唆一堆不如精炼一句，把话说到点子上，把力量用在关键问题上，就可以达到事半功倍的效果。有效的谈话能在短时间内向客户输出最大的产品信息量。如果说话不抓住重点，空话套话连篇，重复啰唆，说了半天也不能说出个所以然来，只会让客户感到厌恶，不但不能调动起客户的购买欲望，还会引起客户的反感。

事实上，很多客户在销售人员拜访之前，已经对这个产品有了一定的了解，这些客户很有可能正在使用其他相同类型的产品。这时候，销售人员只需要把产品的相对优势体现出来就可以了。这样客户会对销售人员所说的这些信息做一个评估，然后才决定是否购买你的产品，这种客户一般都比较理性，而且自认为很专业，他们对自己的判断能力比较自信，希望自己拿主意。如果销售人员不厌其烦地对他们进行说服，就会引起客户反感，客户会认为你是在强行干涉他的意愿，这样也会影响销售人员和客户的交流效果。

所以，销售人员在对客户进行陌生拜访时，要特别注意语言的简练，切忌说话重复、啰唆。客户第一次和销售人员见面时，之所以愿意听销售人员讲话是因为他们想从销售人员口中得到自己感兴趣的内容，而销售人员要做的就是在短时间内把这些内容反馈给他们。如果销售人员做不到，说话太过啰唆，在客户给你的“机会时间”内，无法满足客户对产品的好奇心，那么客户就对产品失去兴趣，对销售人员产生反感。因为他们已经给了销售人员时间，而销售人员却没有在他们设定的心理时间内解答他们心中的疑问。在他们看来，你对他们的拜访就是对他们工作和生活的干扰，浪费了他们的时间。事实上，客户对从销售人员身上得到的任何一个信息都是有心理预期的。一般来说，客户当然希望销售人员对他们需要的信息输出得越及时越好，因为这些信息在客户心里都是带有利益驱动力的，他们强烈地想尽快得到，如果销售人员说话啰唆，客户就会因为自己需要的信息迟迟不能得到而对销售人员产生反感。

3. 不能言简意赅的推销员不是推销高手

对于销售人员来说，能不能在销售这个领域有所建树，成为一名销售精英，语言的训练是重要的前提之一。我曾听到过一句话：“将一句简单的话变复杂是一件很稀松平常的事，而将冗长繁复的话说得言简意赅则需要强大的创造力。”在对客户进行陌生拜访时，客户对销售人员的要求是最为苛刻的——他们不仅给销售人员的时间是有限的，耐心更是有限的。如果销售人员不能在短时间内用通俗易懂的话将他们感兴趣的产品信息传递给客户，客户就难以对产品提起兴趣，而这就很容易导致销售人员遭到客户的拒绝。

如果销售人员销售的产品或服务包含着大量强专业性的信息，言简意赅尤其重要。因为大多数客户可能不具备相关的专业知识，因此他们需要你用简单且通俗易懂的话向他们介绍。所以，对这些销售人员来说，如何从这些名词术语中提炼出简单易懂的语言来描述产品的功能，或解释如何操作，都具有挑战性，这也正是区分销售精英和普通的销售人员的重要依据。优秀的销售人员知道如何用所有人都能听得懂的语言来解释技术含量比较高的内容。想要做到这一点，应该使用非技术性语言或避免使用行话或术语。很多销售人员都喜欢在自己的话里填充大量的专业术语以显示自己的专业性，并希望通过这种方式来确立自己在客户面前的优势地位，对交流和销售工作带来有利影响。但事实上这种想法是错误的。现在市场上绝大多数产品都会有大量的竞争对手，而对于那些完全不了解产品技术信息的客户来说，他们会对这种产品产生一种难以驾驭的恐惧，这时候，销售人员言简意赅的介绍就会起很大作用。如果销售人员不能让客户明白产品性能，客户就会选择另外一个能让他们更加明白的销售人员来讲解产品。显而易见，如果销售人员不能在向客户介绍产品信息时做到言简意赅而让客户迅速对产品产生初步了解，那么销售人员将失去这些客户。

另外，在回应客户的异议时，更需要销售人员做到言简意赅。在证明自己的产品质量优异或价格合理的时候，本来简单明了的解释就足以说明问题，但大多数销售人员都会花过多的时间。他们认为，讲解得越多就越能解决好客户的问题。其实，这是完全错误的想法。在处理买卖双方发生的分歧时，应遵循重点解决的原则。只要把注意力放在几个关键点上，言简意赅地进行解释，就能解决双方的分歧。切忌毫无章法地罗列每一个可能的解决方案，这样会让客户面临一个艰难的选择过程，因此，销售人员只需提供一个简单的解释来解决客户的疑虑即可。如果销售人员毫无重点地大说一通，把简单的解释演变成一场说教，客户就会认为你在避重就轻，转移话题，这也会增加客户对销售人员的厌恶。

很多销售人员大部分时间都在滔滔不绝地说话，他们希望用这种方式对客户洗脑，将客户心中的问题和疑虑“清洗干净”。遗憾的是这些话通常都不是围绕客户关心的问题来进行的，所以它很难让客户听进去。这时候，客户的心是完全向你关闭的。销售人员花太多时间用大量的说辞来谈论他们的产品、公司和客户。但是，大多数客户并不关心这些，他们只想知道该产品或服务能给他们带来什么好处。如果销售人员不能抓住这些要领，首先用简短的话、尽量少的时间来解答客户的疑虑，那么你在其他方面讲得再好都毫无用处。

在客户对产品这一领域的相关知识完全不懂的情况下，如果销售人员对于一些技术性很强的产品性能问题的介绍，不能做到言简意赅，就很容易陷入一场对牛弹琴的对话中去。销售人员即使讲得再好再专业，客户也完全不知所云。这既浪费了销售人员和客户的时间，又无法对销售工作起到帮助，甚至销售人员讲得越专业，客户就会对产品越排斥。这时，如果有其他销售人员能够将这些专业问题言简意赅地告诉他们，客户就可能选择购买他们的产品了。所以，销售人员在和客户交流的时候应该有互动。交流也应当是双向的，尤其作为对客户进行陌生拜访的销售人员来说，首先要做的就是了解客户，除了前期的信息收集之外，对客户的了解大部分应该来自和客户的交流。就像人们常说的“百闻不如一见”。见面后了解的程度之所以要大大高于外界的传言，是因为人们可以从客户的话语中了解大量的信息。所以，销售人员在对客户进行陌生拜访时，更多的应该是倾听，而不是单方面地讲。只有充分倾听客户的信息反馈，才能了解客户的年龄、职业、身份、文化修养、个人喜好等等，用简单有效的话和客户交流，这样的拜访效果比起单方面的喋喋不休无疑要好得多。

一个客户和妻子准备购置一辆新车。在向一家汽车经销商做了咨询后，销售人员马上提出上门拜访。见面后，销售人员围绕汽车的细枝末节说个没完，而客户对这些细节丝毫不感兴趣，因为他们在买车前已经上网搜集了大量资料，对这些细节已经了解得非常清楚了。事实上，客户想去店里试驾一下，但是销售人员还在继续讲一些无关紧要的信息，希望能和客户达成交易意向。等到销售人员把车开出来的时候，他们已经决定，不论车子在试驾的时候表现得多么好，都不在这里买车了。因为他们认为销售人员一点都不会为客户着想，他们关心的只是怎样把车卖出去，而不关注客户的想法。试想，如果以后车子出了问题，可能也无法在这里得到很好的解决。如果销售人员能问一些对这个客户来说比较重要的问题，并多倾听客户的需求和想法，相信情况会好很多。

举例说明，如果客户已经认为你销售的产品价格太高，在市场中毫无优势，甚至竞争者提供的同类产品价格更加便宜。这时候，您只需要针对这一情况告诉客户一个能够区别自己产品与竞争者的信息就足以将问题解决了。销售人员在回答问题时要有针对性，并言简意赅，这样才会提高拜访效率。

所以说，销售人员在销售过程中，与客户的谈话做到言简意赅是十分重要的。尤其是对客户进行陌生拜访的过程中，言简意赅的谈话会给客户留下一个好的印象。对销售人员来说，话不在多，只要能表达自己的意思就行了。能用简洁的语言清楚地表达自己的意思，是作为一个优秀的销售人员应该具备的职业素养。这种使用语言的技巧表现在对语言的筛选和组织方面，销售人员要尽量把话说得简单漂亮，让客户对产品产生持续的兴趣。只要销售人员能够用间接的语言将客户需要和关心的信息反馈给客户，就能在第一时间得到客户更加明确的信息。这样一来，成功的概率自然就大大增加了。

4. 推销大师的心得体会：必要时要懂得直入主题

销售人员在对客户进行陌生拜访的过程中，必要时可以直接进入主题。销售人员有时候会碰到那种所谓的“恩客”，也就是一次谈成的客户。这种客户在事前已经对产品信息有了比较详细的了解，并已经有一定的认可，再加上自身有比较急迫的需求，只不过没有合适的购买渠道而已。在这种情况下，只要这类产品的销售人员一出现，他们就会立即购买。这就需要销售人员认真观察分析，并把握机会，简明扼要，直入主题。另外，不要怀疑客户的理解力，当客户表示已经对你的讲解有一定的了解并表示出认可的态度时，销售人员可以适时直接进入主题向客户发出购买邀约。

当然，销售人员在直接进入主题时也要注意对客户进行心理疏导，尽量将客户的犹豫和矛盾心理降到最低，为双方快速达成交易意向做好铺垫。因为有时候，销售人员能否与客户达成交易并不是时间问题，而是客户的“心理问题”，只要客户在心理上接受产品了，就是最佳交易时机。如果销售人员不能抓住机会直入主题将客户拿下，就有可能失去这个客户。销售领域有句名言叫作“该拿下的客户不能拖，一拖就会陷入死局”。当客户已经具备购买条件时，销售人员就不要再进行过度沟通，因为一旦客户过了这个时间点，可能又会回归理性，那时他可能会庆幸自己没有购买产品了。有些销售人员可能会想，既然客户的购买心理这么不稳定，那即使达成交易意向了，客户还是可能反悔，到时候，不但耗时耗力，还会让销售人员的希望落空，并给销售人员的信心造成严重打击。事实上，有一部分客户会在趋于理性之后反悔，但还有一部分客户也会由于已经达成交易意向了，即使心理趋于理性的情况下依然继续进行交易，因为他们会觉得如果违约的话不够诚信，并且还会安慰自己，反正商品又不是假的，而且自己确实有这方面的需要，所以，交易也可以算是取得成功了。

另外，很多销售人员销售的产品都是一次性拜访的签单。比如说一些家庭日用品等价格较低的产品，就不可能通过多次拜访的方式来促成签单，因为这些产品的质量性能有较强的直观性，价值也不会太高，不需要客户用太多的时间来了解产品，也不需要双方的太多沟通来消除客户的顾虑，往往客户可以在较短的时间内就能决定是否购买。因此，销售人员在对客户进行拜访销售这种产品的时候，快速进入主题是十分必要的。因为客户一旦做出决定之后，销售人员即使提出购买邀约，也不会引起他们太多的反感，毕竟价格也不高。当然，即使是这种类型的产品销售，在直接进入主题时也要掌握时机做好铺垫，因为不管产品的价值多小，只要涉及利益，客户都不可能毫无戒备和犹豫心理，只不过大小不同而已。客户在不同的环境下心态是不一样的，就好像一个客户可以在大街上慷慨施舍乞丐，却可能会为了一双五块钱的袜子而仔细检验这种袜子的质量，仔细权衡它的使用价值是否值五块钱，并犹豫要不要购买一样。客户在这种商务场合下往往更加注意细微的利益，这也是为什么销售人员在充分消除客户的顾虑心理之后才能向客户发出购买邀约的原因了。因此，在进入主题之前，销售人员要尽量化解客户的这些心理，只有这样，交易才有可能取得成功。

在当今社会信息传播高度发展的情况下，客户的购买心态会受到外界因素的影响，今天可能他对这件产品感兴趣，如果你没有勇气向他直接催单，明天他可能又会对其他的同类产品感兴趣了，这会让你无形中多一个竞争对手。对于那些追求新品的客户来说，你的产品可能还会处于劣势。但是如果销售人员能及时向客户提出交易信息，在这些客户和你达成交易意向之后，他们可能会暂时将注意力集中在你的产品身上，那么，你的产品相对于其他产品而言就拥有了一些优势。这就像客户和销售人员达成交易之后，他们会在潜意识里告诉自己："我所购买的产品是最好的。"因为很多人都相信自己的判断。

李迈从事的是一种新型太阳能灯具的销售工作，在拜访一位客户时，他详细地向客户介绍了产品的性能，并引起了客户浓厚的兴趣。但李迈并没有马上要客户购买产品，他觉得时机还不够成熟，马上就要客户购买可能会使客户反感，从而搞砸这次拜访。而且从眼前的情况来看，客户已经有很大的兴趣了，那么这一次的拜访就已经完成任务了，凡事应该循序渐进。于是李迈决定等下一个阶段时机更成熟一些再谈交易的事。但第二次拜访这位客户时，客户很遗憾地告诉李迈，自己昨天刚借给朋友一笔资金，现在资金有些紧张，如果要购买的话，可能要再等一段时间。过了段时间，李迈再去拜访客户时，客户又出差了。好不容易等到客户回来，李迈再去拜访客户，客户却告诉他，自己已经在出差地买到了相同的产品，因为那里离生产地比较近，属于一级代理商，所以价格更便宜一些。就这样，李迈因为犹豫和拖延而丧失了一笔大单。所以，对于有明确交易意向的客户，切忌去"养着"，否则客户心中的购买热情消退了，就很难再培养起来。

因此，销售人员在对客户进行陌生拜访时，在条件许可的情况下，一定不要错失快速拿下客户的机会，这样的机会往往稍纵即逝。但是，太急切太直接地向客户发出购买邀约是一把双刃剑，用得不好确实会使得销售人员失败而归，所以关键是时机的把握。这需要销售人员在前期充分收集客户的各类信息，了解到客户确实有急迫的产品需求。另外，在向客户提出邀约之前也要尽量化解客户的顾虑，为快速交易创造条件。如果条件不成熟就贸然向客户下单，很容易让客户产生逆反情绪，让你痛失一笔订单。

总之，销售人员要根据自己的经验去把握，在感觉时机成熟的情况下，应该当机立断向客户提出交易请求，只要前期和客户做好沟通，在客户对产品认可、本身又有需求的情况下，相信客户是会愿意和你达成交易的。在销售过程中，很多机会都是转瞬即逝，所以销售人员应该抓住机会，牢牢把握，必要时要懂得直入主题，和客户迅速达成交易。

5. 客户关心的是产品性能，不是索然无味的解说

在市场上，商品最重要的竞争要素就是使用价值，也就是产品的性能。因为，消费者在市场中购买商品主要是购买产品的使用价值，以满足自己的使用需求。作为销售人员来说，应该将产品的性能介绍作为与客户交流的主要内容。销售人员在对客户进行陌生拜访时，应该明白，自己是向客户推销产品而不是去聊天闲谈的，所以，销售人员的一切交流都应该为推销产品服务，介绍的信息也应该主要为产品的性能，因为这是客户最关心的。

随着生活水平的不断提高，人们的消费理念也在不断发展，产品是否好用，是否能满足消费需求成为人们是否购买该产品的首选。尤其在对客户进行陌生拜访时，产品的性能将成为销售人员提起客户兴趣的最重要信息点。当销售人员用产品的性能抓住客户的好奇心时，和客户接下来的交流就会顺利很多。因为认可产品的性能，是客户购买产品的最重要的前提条件。

事实上，销售人员和客户之间的关系是利益关系。销售人员是

为了卖出产品获得利益回报，而客户则是用金钱换取商品的使用价值满足自身需要。可想而知，就客户这一方而言，产品的性能是这件商品使用价值的最重要的体现，关乎客户在这次商务往来中的根本利益。销售人员在和客户进行交流时，将产品的性能作为介绍的重点既是一种投其所好的行为，也会给自己的销售活动带来很大的帮助。如果销售人员能将产品性能信息充分地传达给客户，客户会认为销售人员既懂得做销售又懂得做人。

在销售领域，客户心中有一个名叫“购买天平”的概念。这个概念形象地反映出客户心中对每一件商品都会进行一个价值衡量。一边是他将会为这个商品付出多少金钱；另一边是他可以从这件商品中获得多少好处。如果这个天平向客户自己一方倾斜，那么客户就会认为这是一件物美价廉的商品，这样的商品无疑是客户追捧的对象；如果这个天平的两端是平衡的，也就是人们常说的一分钱一分货，这也是客户能够接受的，因为在市场经济下，这种现象占了绝大多数；但如果客户认为产品的使用价值和价格不能相匹配，就会拒绝购买产品。“天下熙熙，皆为利来；天下攘攘，皆为利往。”这一经典名句想必大家都听过，趋利避害是人的天性，尤其是在商务领域，每个人都不愿意做亏本的买卖。事实上，这种价值杠杆只是客户的心理作用，而这种心理完全形成于他们对产品了解的过程当中。由于买卖双方存在着严重的不确定性，因此在对商品信息的了解上，卖方一般都占据着优势地位。因此，只要销售人员能够有针对性地对产品性能加强信息的输出量，就很可能让客户的价值天平往产品的使用价值一端倾斜，最终使客户形成一种感觉就是这件商品物超所值。在这种情况下，客户购买产品也就是顺理成章的事了。试想，哪个客户不愿意买到物超所值的商品呢？所以说，强化对产品性能的介绍，是客户对产品产生兴趣的重要基础。

所以，销售人员在对客户进行陌生拜访以前，应该对产品进行详细的了解，并通过对客户信息的前期了解，抓住产品中最能打动客户的产品性能，快速调动客户的积极性。可能不同的客户所关注的产品性能不一样，这就需要销售人员根据他们各自的特点有重点地进行介绍，在介绍的过程中扬长避短，清晰地分析产品优势，对于产品的缺点，在不故意隐瞒的情况下要尽量回避。通过对产品性能的充分介绍，能够为良好的初次拜访和后期的最终交易打下好的基础。这就需要销售人员运用一定的推销技巧，比如提问的技巧、观察的技巧。先了解客户看重哪些方面再做介绍，而不是胡子眉毛一把抓，把所有的信息一股脑儿地强塞给客户。

知己知彼，百战不殆。尤其在市场竞争激烈的今天，作为一名销售人员，更应该如此。销售人员首先应该明白对客户进行拜访的目的就是为了满足客户对商品和服务的需要，并明白客户需要什么，产品是不是满足客户的需求，这是对客户陌生拜访取得成功的途径。

销售人员在拜访客户之前要掌握正确的商品知识，熟悉商品的性能，这样才能在客户问起时，熟练地回答。如果客户问的时候，销售人员一问三不知，客户怎么可能会购买你的产品呢？在向客户进行介绍时，销售人员最好能站在客户的立场来对客户逐步引导，向客户展示这件产品能够给客户带来什么好处。这样能让客户觉得你是在为他们着想，也会让客户逐步降低对你的警惕，增强对你的好感。

如果销售人员在客户还没有完全认可产品性能的情况下，就将一些暂时没有太大价值的产品信息传递给客户，反而会引起客户反感。比如说产品后期的维护保养问题，这个信息的介绍可能不但不能给你的销售工作带来帮助，反而会带来反作用。因为这会给客户一种无形的心理暗示，将客户的思绪一下带到产品的保养这种需要客户付出的问题上，同时也会给客户一种心理暗示——产品可能容易坏或者需要花大量精力进行保养，这会削弱客户的购买冲动。因此，销售人员在对客户进行拜访时，应该尽量多介绍一些有利于销售的产品相关信息，要避免讲与当前的销售阶段无关甚至不利的其他信息。另外，当客户问到的问题你无法解答时，应该向客户坦白事实，切忌不懂装懂。现在的信息流通渠道十分畅通，就算你一时瞒过了客户，一旦客户从其他渠道获得了不一致的信息，就会影响对你的看法，让你在客户心中留下不好的印象。

值得注意的是，销售人员在向客户介绍产品性能时，语言应该是经过修饰和提炼的。语言是一门艺术，同一句话用不同的方式说出来会让听者产生不同的心情。因此，销售人员在介绍这些产品的性能时，应多使用客户愿意接受的话。如果销售人员毫无修饰地照搬照背，就会让客户听起来像索然无味的解说，严重影响客户的聆听效果，让客户的购买冲动大打折扣。因此，销售人员在对客户进行陌生拜访时，要着重介绍客户最关心的产品性能，激发客户的兴趣和购买欲望。在谈话方向正确的情况下，销售人员还要学会选对合适的谈话方式，尽量用精彩的语言来对产品性能进行介绍，让客户有足够的兴趣和耐心来倾听你的讲解。如果你的介绍索然无味，不管内容是否合适，客户都难以保证会有耐心听你讲解完，这无疑会对销售人员的陌生拜访工作带来很大的困难。

6. 正确的语言沟通方式能帮助你快速说服客户

销售人员每天都会见到形形色色的客户，他们的收入水平、生活经历、受教育程度都不一样，因此平时的语言和行为方式都有所不同。俗话说物以类聚，人以群分，人作为一种高等动物，虽然通过长时间的演变已经高度社会化，但仍不可避免地保留他的自然性，那就是和一般的动物一样，喜欢在自己熟悉的环境下生活，喜欢和有共同语言的人交流。销售人员在初次拜访客户时，最重要的任务就是让客户对自己产生熟悉感和亲近感。因此，销售人员要学会用正确的语言方式和客户交流。碰到什么样的人说什么样的话是人类在社会生活中的生存法则，而对销售人员来说，碰到什么样的客户用什么样的说话方式来进行交流，将在很大程度上决定销售的成功与否。

通俗易懂的语言虽然不是为每个客户量身定做的“专门语言”，但是它体现了人与人之间用语言来交流的最根本的目的，那就是让对方明白自己说话的含义，所以它可以被看作是人类最通用的语言，也最容易被大众所接受。因此，销售人员在和客户交流时要学会使用通俗易懂的话来表达自己的意思，介绍产品的信息，这样客户才能最快地了解产品的相关信息，以确定自己是否需要。这样既加快了销售人员开发客户的速度，也能大大增强客户的开发效率。销售人员在和客户进行交谈时，最重要的前提是要让自己的客户听得懂。销售人员对产品和交易条件的介绍必须简单明了，表达方式必须直截了当。表达不清楚，语言不明白，就可能产生沟通障碍，使客户无法接受销售人员想传递的信息，这样自然就会影响产品的销售。此外，销售人员应该使用每个顾客所特有的语言和交谈方式。

每个客户在生活和工作中的行为方式有所不同，他们希望和他们交流的人和自己有相同的地方。比如，客户是一个有学识有涵养的人，销售人员就必须懂得“附庸风雅”，这样才能满足客户对你的要求，才能让客户更快接受你；如果你拜访的客户是某方面的专业人士，那么你就应该用专业的态度来和他交流，如果他觉得你还不如他专业的话，你就很难从客户那里得到回报。事实上，有时候客户能不能快速听懂你的意思并不完全是客观上对语言的理解有问题，而是由语言上的不习惯带来的心理障碍。试想，客户若总是对你持怀疑或者质疑的态度，你说的话他肯定难以听进去。所以说，和客户保持共同语言，更多的是让客户在一种心理认同的状态下交流。只有这样，双方才能在正常的语言环境下进行交流，交流效果才会更好，销售人员也才能快速地将产品的信息传递给客户。

很多销售人员都喜欢用与产品相关的行业术语来把自己打扮成专业人士，通过显示自己的专业来赢得在与客户交流中的主动地位。实际上，这是一种错误的想法。一个专业的销售人员并不是用客户听不懂的专业名词武装起来的。相反，一个能将产品的专业知识用通俗易懂的语言准确地传递给客户的销售人员才是真正的“专业人士”。这样的销售人员也会在客户中受到普遍欢迎，因为大多数客户都是“门外汉”。如果你讲了一大堆专业术语，客户告诉你他听不明白的话，你又要重新解释，这既浪费了双方的时间，又影响谈话的效果，甚至还可能出现另一种情况，那就是客户会因为听不懂而用拒绝你的方式来保存自己的面子，这样一来，销售人员就有可能丢掉客户，丢掉订单。所以，一个销售人员要想通过交谈来赢得客户信任，引起客户对产品的兴趣，首先要做的就是要用客户听得明白的语言来介绍自己的产品。

语言沟通是一门艺术，不同的沟通方式将产生不同的效果。语言沟通对人与人之间的关系会产生重要的作用。一个懂得说话艺术的人必然会成为人群中的焦点，也必然是一个被人欢迎的人，谁不想身边有一个语言大师或者一个开心果呢？作为销售人员来说，对他们的要求就更高了，因为销售人员是在向一个陌生人推销他们的产品，并从客户那里获得利益。如果没有好的语言沟通能力，客户怎么可能从口袋里掏钱给你呢？销售人员在对客户进行陌生拜访时，除了用语言打消客户的怀疑之外，还必须用客户容易理解又喜欢听的语言来描绘产品，这才是最关键的，产品的性能怎么样，需要销售人员通过语言来描绘。描绘得越形象，客户就越能透彻地了解产品的性能。只要性能符合客户需求，并且销售人员也打动了客户的心，相信客户会掏钱购买的。

而打动客户心的最有效的办法就是要用形象的语言来描绘产品。在物质文明高度发达的今天，几乎每一类商品客户都有充分的选择。那么怎样成功销售出产品呢？这就取决于销售人员能不能用语言打动客户的心。客户购买产品买的就是一种心情，他们也不知道到底哪种商品的性能好，现在市面上同类产品的性能相差并不大，这也增加了客户挑选产品的难度。客户总是认为通过自己的观察能选到更合适自己的产品，如果销售人员能满足客户的这种心理，客户就会毫不犹豫地购买你的产品，而形象地描述产品就更容易让客户认为你的产品可能是最符合他们需求的。

幽默的语言在销售人员对客户进行陌生拜访过程中同样不可缺少。在第一次拜访客户时，双方几乎都处于一种完全陌生的状态。作为本能，无论是销售人员还是客户，都会对对方有一定的恐惧心理。从客户方面来讲，客户不知道销售人员是一个什么样的人，甚至是不是真正的销售人员他们可能都会有所怀疑。而作为销售人员来说，由于对客户是进行陌生拜访，并不知道客户是什么脾气，有没有需求等等，这时是最不利于开展销售的时候。而销售人员要展开销售，就必须首先打破这种比较严肃紧张的气氛，为开展销售工作创造一个比较良好的交谈气氛。在这种情况下，幽默的语言将成为销售人员和客户之间的润滑剂，为双方的交流创造一个轻松的环境。当今社会，工作压力和生活压力越来越大，人们在双重重压下整日奔波劳苦，心理处在极度压抑的状态中。幽默的语言往往能成为人们放松心情的重要工具。任何交流，幽默的语言都能给对方带来快乐。如果销售人员在拜访客户时，能用幽默的语言让客户感到快乐，客户就会愿意和你交流。即使客户没有需求，幽默的语言带来的轻松的环境也会让彼此的交流以愉快的方式结束，有的客户甚至还会因为你给了他们快乐却没有购买你的产品而觉得不好意思，并给你介绍其他有需求的客户。

因此，销售人员在销售过程中用什么样的方式和客户交流，会对销售的成功与否产生重要影响。不管是用专业的语言还是通俗易懂的语言，抑或是幽默的语言，都是为了能够使双方尽快进入一个良好的沟通环境中，让客户尽快而准确地从销售人员口中获得产品的相关信息，也能让销售人员尽快从客户那里得到信息反馈，以便采取相应措施来应对。这样不仅提高了销售人员开发客户的效率，也为销售工作的成功开展奠定了基础。所以，一个富有语言魅力的销售人员对于客户的吸引力简直是不可想象的。一个真正的销售精英，也是一个懂得如何把语言沟通的艺术融入商品销售中的人。可以这样说，一个成功的销售人员，必须提升自己的语言魅力。有了语言魅力，就有了成功的可能。作为以上门拜访为起点的销售人员来说，优秀的语言沟通方式就是打开客户心灵之窗的钥匙。

7. 锤炼自己的语言，把话说得简洁恰当、中听

销售人员在面对客户时，任何形式的交流都应该和销售风格相一致。事实上，这种谈话是一种对产品的宣讲。就像一个人的演讲一样，有激昂的，也有深情的；有直抒胸臆，也有旁征博引的。演讲之所以精彩，并不在于演讲者做了多长时间的演讲，说了多少话，而在于演讲者说的话是否经典，是否能说到点子上。销售人员在拜访客户的时候也要注意锤炼自己的语言，把话说得简洁恰当、中听。话说得太多并不能起到强调的作用，反而会引起客户的反感，客户会嫌你说话太啰唆，没有重点。话贵精而不在多，与客户交谈时，简洁精准的话胜过千言万语。因此，销售人员的语言要简明扼要，不刻意雕琢、故意咬文嚼字；要尽量抛弃那些造作的、文绉绉的词汇；要有真意、不粉饰、少做作，表现朴素、自然，以平

易近人的语言把话说得自然、通畅；要把话说到对方的心里，取得对方的认同。

把话说得简洁恰当，是每个销售人员应该具备的基本职业能力。销售人员需要明白的是，你和客户的交流不是纯粹来聊天的，而是来向客户推销产品的。因此，销售人员可以将话说得委婉些，但是绝不能平原跑马，离题千里。有些销售人员在和客户交流时，废话一大堆，结果到最后客户都不知道销售人员讲这些话是什么目的，客户实在听不下去了，直接问他：“你说这么多到底是想说什么？”这时，销售人员就显得很被动，就像一个小偷直接被曝光在众人之下。很多销售人员可能会因为客户打断了他的话，影响了他说话的节奏而手足无措，变得结结巴巴、语无伦次，本来正常的商务交流突然变得不正常了，仿佛一个人拆穿了另一个人尽力隐瞒的谎言似的。在这种情况下，拜访要想取得成功几乎是一件不可能的事。

语言简洁恰当是客户拜访中应当把握的基本原则。在与客户交谈的时候，既要概括到位，又要凝练精简，用较少的语言把关键内容表述清楚，使客户明白你所要表达的意思，这样既节约了客户的时间，又起到了拜访作用，同时也提高了工作效率。尤其是以陌生拜访的形式来与客户交流，客户本来就对销售人员有较强的怀疑心理，这时候销售人员说话越含蓄越容易引起客户的不满。在客户看来，这是一种不自信的表现，为什么不自信，很有可能是产品有问题。所以，在立场不同、沟通信任未建立的情况下，销售人员的这种自以为是的语言游戏反而会被客户看作是一种欲盖弥彰、遮遮掩掩的骗子心态。所以，销售人员在拜访客户时，一定要大大方方地介绍自己和产品，将产品的信息快速地反馈给客户，要让客户首先了解你拜访他的意图。而且，销售人员在和客户交流时，应该让话题围绕在产品和销售之间。销售人员应该明白，当你在拜访客户的时候，客户也会对你销售的产品有好奇心理，也渴望你的产品性能能满足他的需要。所以，你必须要满足客户的这种心理，千万不要等客户不耐烦主动问你了，你才来介绍你的产品。

如果销售人员话说不到点子上，说得再多也没用，反而会让客户心生厌烦。所以话贵精而不在多，要尽量用简洁的方法和恰当的话语把意思表达出来，只要客户能听明白，就是销售人员所要的拜访效果。实际上在现实生活中，客户更希望自己在买卖过程中占据主导地位，因为他本身就是这场销售最有决定权的一方。一般情况下，客户都不会对产品有太专业的了解，因此客户总喜欢多提问题，让销售人员来解答。只有他们觉得自己的问题得到比较满意的答复了，他们才可能接受产品，产生购买产品的意愿。销售人员讲得太多，有时候并不是一件好事。客户可能就会认为，这是在对他进行诱导甚至是误导。这样的方式是在规避产品的缺点。所以说，销售人员对一些需要自己主动介绍的产品信息应当尽量做到简洁明确，把更多的时间留给客户来提问题，通过对客户的问题做出让他们满意的回答来赢得客户对你和产品的认可。

很多时候，客户不可能在销售人员第一次拜访他的时候就决定是否购买产品，必须通过对产品进行了解再进行评估，通过不断加深印象来对这件产品下结论。而这个结论将决定客户是否购买产品。其中，客户对产品的第一印象是最重要的，因为客户对产品绝大部分的印象来自于销售人员在第一次拜访时的介绍，而客户在后期对是否购买进行决策时也是依据对产品的印象来决定的，这种印象就来自于销售人员向客户介绍的一个个“信息点”，正是一个个信息点构成了产品在客户脑海中的全部印象。因此，销售人员就需要传递产品的一个个有效的信息点来帮助客户对产品形成完整的印象。印象越清晰，客户就越容易形成购买决定。销售人员出于推销产品的目的，他反馈给客户的产品信息点绝大多数是产品的“闪光点”，而这种“闪光点”有时候并不一定是现实意义上的产品的优点，只不过是销售人员用了一种巧妙的表达方式而已。比如产品的科技附加值低，销售人员可以传递给客户的产品信息点是“价格便宜，操作简单”，这种中听的表达方式实际上就是对产品信息点的另一种解读，当客户认同了销售人员的观点，那么你给客户介绍的信息点也就可能成为产品的闪光点。销售人员所销售的产品在客户的脑海里就成了一件不错的产品。所以，销售人员在和客户交流时，要学会对语言进行锤炼，要对产品的信息点去粗取精，让客户听着舒服，同时也要注意，说话简洁，要让客户能在容忍的范围内听完你的介绍。如果客户在他对你的容忍度达到极限了，你还不能完全介绍清楚产品的信息，客户就有可能打断你，或者让你长话短说，这时的效果肯定是不好的。

如今，人们的生活节奏越来越快，需要做的事情越来越多，每个人每天都会接收从四面八方传来的信息。因此，客户不可能花太多的时间集中在一个产品的信息上。很多客户喜欢做的就是将这些同类产品的信息汇总起来进行分析整理，找到自认为最好的去购买。销售人员要做的就是把产品的信息用“好听”的方式简洁恰当明确地传达给客户。话说得越中听，信息传达得越简洁，客户对这个产品的概念就越完整，也就能帮助产品在众多竞品中脱颖而出，成为客户心中的首选。

第七步

排除异议

——将异议看成是成交前的

“暴风骤雨”

很多时候，客户对销售人员的推销往往会持怀疑或者否定态度，这是因为客户内心对产品或者服务存在一定的异议，总会戴着有色眼镜去看待这些事情。其实，这些都是客户正常的表现。但是销售人员对客户的表现却有着不同的反应：第一种销售人员认为客户是有意刁难自己，认为客户根本没有要购买产品的意愿，最终没有有效地促成订单；第二种销售人员却将客户的异议看成是成交前的“暴风骤雨”，认为客户对产品或者服务存在异议是最自然不过的事情。在这种情况下，销售人员通过和客户进行有效的沟通，排除了客户心存的异议，最终促成了订单。

汽车销售大师乔·吉拉德曾说过：“千万不要以为客户对产品或者服务提出的异议有多么可怕，其实这只不过是他们最自然的表现罢了。这在一定程度上说明他们对产品或者服务产生了兴趣。所以，优秀的销售人员一定要快速地将客户的异议排除掉，这样才可以促成订单。”在日常工作中，销售人员不要以为客户提出异议就是对产品不感兴趣了，应该耐心解答客户提出的疑问，避免分歧持续加重，因为在很多时候，客户提出异议只不过是为了满足自身猎奇的心理，甚至可以说，客户提出的异议越多，越利于订单的促成。

1. 学会用微笑面对并消除客户的疑虑

当推销人员成功地和客户“搭上线”后，接下来要面对的问题自然是如何将产品推销给客户。在这个环节中，客户不可避免地会对产品提出一些异议。若销售人员处理得当，自然会排除异议赢得客户的认可，如果处理不得当，不仅会让客户内心加大对产品存在的异议，也不利于推销的有效进行。

现实推销中，客户往往会针对某个产品或者服务提出自己的质疑或异议，这是一件再正常不过的事情了。可一些推销员在面对客户提出的异议时，却总认为客户是有意为难自己或者故意找碴儿，而以一副“扑克脸”面对客户。殊不知，正是推销人员这般表现才让客户心里感到不痛快，不仅没有成功地进行推销，还给客户留下了非常不好的印象，最终只会失去客户。

客户提出的异议从某些方面来说还是有一定合理性的，其目的就是想要最大限度地了解产品。假如推销人员能及时捕捉到客户的心理变化，并且给予积极的反馈——微笑，或许能产生意想不到的收获。正如国际希尔顿旅馆有限公司的创办人康拉德·希尔顿所说，在推销工作中，他宁愿雇用一名懂得微笑而没有高学历的普通销售员，也不愿意雇用一个总是摆着“扑克脸”的高学历人才。因为，在推销的过程中，懂得微笑往往有利于推销的有序进行。

康拉德·希尔顿非常了解销售工作中微笑能带来的价值。他所经营的酒店之所以非常成功，最大的秘诀就在于他要求酒店销售人员要时刻展现出微笑的魅力——尤其是面对客户提出的异议时。希尔顿在平时的工作培训中，告诉酒店销售人员最多的一句话就是："面对客户提出的异议，你微笑了没有？"可以说，微笑是销售人员自信的象征，微笑也是让客户内心感觉温暖的表现形式，微笑是真诚的代名词，没有客户会拒绝真诚服务。

有一些销售人员，无论客户如何拒绝，他们总是表现得很耐心，就算客户毫不留情地对产品提出质疑，推销人员也会以微笑去对待，这样一来，客户还能将其拒之门外吗？相信大多数客户是不忍心的。在客户看来，既然推销员如此真诚，而且还能打消自己对产品的怀疑，怎么还好意思拒绝呢？最终的结果是推销员不仅成功地将产品卖给了客户，还用自身的魅力感染了客户，使其介绍更多的客户。由此可以看出，推销中的微笑是人们从话语或眼神中流露出的最真实的表情。无论客户提出什么样的异议，只有学会微笑面对，才能从微笑中建立起彼此信任的关系，才可以进行进一步的交流。

日常的推销工作实际上就是解决客户异议的过程。因为只有了解了客户的购买心理，并有效地排除其内心的异议，才可以成功地实施推销。以下是一些排除客户内心异议的对策。

第一，学会分析和认清客户否定产品的原因或存在的疑虑

日常推销中，客户对产品或服务所持有的否定有以下三种原因：第一种就是拒绝推销人员本身，比如推销人员的自身素养或说话的态度；第二种是客户自身的原因，比如客户的确没有需求，或者经济原因；第三种是对推销员公司的产品缺少足够信心。客户只要出现以上这些情况，推销员就应该认真对待。在推销员向客户推销产品的过程中，客户如果表现出担心时，就需要了解并问清客户

担心的真实原因。比如，是担心产品的质量还是产品的售后服务？是对产品的性能担心还是认为产品价格不如意？是对产品样式还是对颜色不满意？还是……当充分了解到客户内心的疑虑之后，才能有针对性地实施销售。如若不然，对其实施的销售也将会以失败告终。

需要强调的是，在这个过程中，推销人员一定要将微笑挂在脸上，决不能让客户面对一张冷峻的面孔，因为微笑可以最大限度地释放客户内心对产品的疑虑。当推销人员向客户推销某一件产品之后，客户会本能地对产品的功能、形状、颜色、质量等提出质疑，有些质疑甚至是非常尖锐的。在这种情况下，如果推销员能以微笑的态度对待客户提出的质疑，并认真分析客户否认产品的原因，就会有针对性地采取进一步的行动，而这样做带来的推销效果往往是事半功倍的。

第二，提前了解并列出客户疑虑的事情，并准备好有效的答复

对于优秀的推销人员来说，事先知道客户内心存在的疑虑是工作中必修的一项技能。比如，销售人员对客户内心可能会产生的疑虑事先准备好一套最权威、最有力的解答，以及一套行之有效的解决方案。比如：对于产品存在风险的疑虑，推销人员可以事先准备并制订一套保险单计划，最大限度地帮助客户规避风险，以便消除他们的疑虑，做到心服口服；对于客户对产品质量存在的异议，推销人员可以实行试用制度或提供免费保修服务等，让客户感觉到推销人员真诚的同时，还对产品质量的印象大大提升；对于大额的销售项目，可以为客户提供分期付款的方式，这样可以减轻客户由于资金问题对产品产生的异议；对于复杂技术方面存在的疑虑，推销人员可以请专业的研究机构或专家进行现场讲解和鉴定，让客户自

发地打消此前的疑虑。

需要注意的是，推销人员在对客户提出的疑虑进行答复或者提供意见参考的过程中，也要让客户感受到自己最真诚的微笑，千万不要让客户感觉到自己不真诚。因为客户在很多时候对推销人员对其答复时所持的态度也非常看重——那些摆着一副不悦之情的推销人员很难让客户感觉到满意，相反，那些向客户释放微笑的推销人员才可以有效地打动客户，并实施有效的推销。

第三，让客户自己或其朋友亲身参与到对产品的鉴别和演示中

现实中，当客户对产品提出疑虑时，推销人员不要急于掩饰产品的缺陷，更不要对客户做出的负面评论火上浇油，最好以微笑的态度来对待。假如说客户提出的疑虑是事实，推销人员不妨微笑着说：“的确如此，我曾经也听到别人这样说过。”紧接着，让客户自己或者其朋友对产品质量进行现场鉴别，帮助客户对产品进行全面的对比，从而让他们消除对产品的疑虑。而这个时候，就需要推销人员做到清楚地了解竞争对手的产品，并且清楚地向客户解释自己的产品在质量、颜色、性能、特点等方面与其他同类产品的差别。在分析和对比中，让客户清楚地看到产品的优势所在，如此一来，客户必将打消内心的疑虑。

第四，学会让你的客户帮你宣传

很多人会有这样的经验和体会，和朋友说哪一家餐厅的菜非常有特色，哪一家快餐店口味好又经济实惠，哪一家化妆品店正进行促销折扣，哪一家美容院的环境好。很多时候，并不是由于你可以从中得到一定的利益，而只是单纯地想把自身的体会告诉朋友，正

因为如此，朋友才会更加信任你的意见。其实，将这种方法运用到推销上也是一个不错的方法。比如，当准客户对产品缺少信心而心存疑虑时，如果能够请来自己的客户现身说法，尤其让那些和准客户关系比较亲近的家人或是朋友，亲身说明产品质量以及效果的话，相信一定会给销售工作带来意想不到的促进作用。

很多时候，推销人员实际工作中面临的首要问题就是解答客户提出的疑虑，疑虑来自多方面。而疑虑的过程也是客户最本能的反映。客户对产品或服务提出疑虑，这在一定程度上也说明他想深入了解产品或服务本身。此时，他们需要的是推销人员能够对产品或服务进行必要的说明和解答。在这种情况下，如果推销人员对客户的疑虑表现出不耐烦，自然不会用积极和善的态度解答他们的疑虑，也就不利于推销工作的展开；但如果推销人员能让客户感受到他们发自内心的微笑，客户对产品或服务的疑虑就会消失，最终有效促成订单。

销售时一定要面带微笑进行销售，这是冠军销售人员所常用的手法。日本著名的销售大师原一平就常常利用微笑达到成功销售的目的，他曾经对普通销售人员说过："在刚进入销售界时，我的处境非常惨，甚至吃不饱饭，而且我本身也没有任何优势。但是在最初的这段时间，我并没有自怨自艾，虽然当时的生活就像是一只狰狞的巨兽，但是我仍然坚持每天面带微笑，因为我坚信：人生中不可能永远都处在乌云密布的日子里，总有一天会雨过天晴的。为了能够让自己的微笑看起来是自然而发的真诚微笑，我每天都要做些训练。我常常拿着一面镜子，假设各种场合、各种客户，然后对着镜子中的自己练习面部表情。笑需要由心而发，才能够产生出强大的感染力，所以我租借了一个能够看到自己全身的镜子，下班之后就利用空闲时间练习。一段时间之后，我发现嘴唇闭或合、眉毛上扬或者下垂、皱纹伸或缩等对于'笑'都具有不同的表达作用，甚至双手双脚的动作都会对'笑'产生不同的效果。"

原一平还表示说："那段时间，有时候我在路上练习时被人们认为是神经病；有时候也因为太入迷在半夜笑醒。但是在不断的苦练之后，我终于可以利用微笑来表达我的各种情绪，也能利用微笑让我的客户展露笑容。后来，我将自己体会的笑容分为三十八种，这就让我在面对不同客户的时候能够展露出不同的微笑。我深深地体会到，世界上最美好的东西就是笑容。从自己内心深处表达出来的真诚笑容，犹如婴儿一样天真无邪，能够散发出诱人的魅力，令自己的客户如沐春风，使他们在与自己谈话的时候无法产生抗拒心理。"

他对销售新人讲述过自己的一次经历："有一次，我去拜访一位新客户。在拜访之前，我了解到这位客户性格非常内向，而且脾气有点古怪，很多销售人员面对他都感觉无从下手或者难以摸清楚对方真实的意图。在与他相见之后，果然如我先前了解的一样，有时候我们正高兴地交谈着，他却会突然表现出不耐烦。我记得那次我们的谈话是这样的：'您好，我是明治保险公司的销售员原一平。'客户说：'哦，你好，但是很抱歉，我并不需要投保，而且我也非常讨厌保险。''那么您能告诉我这是为什么吗？'我微笑着问道。'讨厌保险需要理由吗？'他突然有些不耐烦地说道，'很多朋友都说您在这个行业做得非常成功，真是令人羡慕啊！如果将来我在自己的行业也能够像您这样出色，那感觉一定会非常不错。'我听了他的话之后并没有露出任何不悦的表情，而是依然面带微笑地与他交谈。他的态度明显好转了许多，并说道：'对于推销员，我一向都是非常讨厌的，但是你的微笑却让我不能不听一下你的介绍。好吧，你先说说你的保险。'我听到客户这样说之后顿时明白了，原来客户并不是讨厌保险，只是对推销员有抵触而已。既然已经探明了问题的根本原因，那么接下来的事情就非常简单了，就是让客户完全接受我。在与这位客户交谈的过程中，我始终都保持着微笑，客户在不知不觉间笑容也多了起来。在谈论我们所感兴趣的话题时，彼此之间还会兴奋得大笑。最后，他愉快地购买了我的保险，并且与我握手道别。”

在原一平的这段经历中，他面对客户的不耐烦，并没有表现出任何不悦，而是依然面带微笑，并以幽默的方式让对方开怀大笑。最终说服了客户，达成了交易。但是需要提醒人们的是，与客户交谈时一定要注意幽默的尺度，绝对不能油腔滑调，否则会让客户产生厌烦情绪；要注意声调与态度的和谐，否则客户将很难与销售人员产生共鸣；最后，是否幽默、运用什么样的幽默都需要以对方的品位来定。

运用幽默制造微笑不需要花费任何金钱，但是它不仅给销售人员带来了收益，还让销售人员赢得了客户的肯定。微笑就相当于通往人心深处的通用语言，能够打动一颗冷漠的心灵，能够拉近双方心灵之间的距离，甚至能创造出命运的奇迹。可以说，学会用微笑面对并消除客户的疑虑，是成交前必须要排除的影响订单的障碍之一，更是优秀推销人员最应该苦修的技能。

2. 打消客户的疑虑，不妨让其感觉到利益所在

销售人员在向客户推销产品的过程中，客户难免心存疑虑，如果疑虑得不到及时化解，必定会影响到最终的成交。世界销售训练大师汤姆·霍普金斯认为，为了能尽快让客户消除内心的疑虑，销售人员应该让其感觉到利益之所在，也就是让客户感觉到“有利可图”。他对人们讲述了这样两则小故事：

第一个故事是：一天，英国著名思想家培根想将猪赶回猪圈里，任凭他使出浑身力气，猪也不肯进去。此时从旁边经过的女佣

看见了，立即上前帮忙。和培根不同的是，她抓了一把猪饲料，边走边喂猪，很快将猪引入了猪圈。培根在一旁看得目瞪口呆。

第二个故事是：还未成名的卡耐基曾应聘美国一家广告公司的销售总监的职位。回到家后，妻子问他应聘的情况。卡耐基一脸兴奋地告诉妻子说：“一个星期后就可以正式上班，月薪五万美元。”妻子质疑道：“既然待遇如此好，应聘的人一定非常多吧。”

卡耐基微笑着说道：“的确如此，来应聘的人大概有一百人左右，而且都是销售界的精英人物。但却只录用了我一个人。”说到此，卡耐基面露得意。

“面试官出了什么题目？”妻子急切地问道。

“题目其实非常简单，面试官给在场的每个人都发了一张白纸，让每个人随心所欲地在上面涂鸦，然后将白纸从窗口扔到外面的街道上，观察过往的路人先捡起谁的白纸。结果，有人在纸上画了美丽的风景，有人将纸做成可爱的卡通形状，有人还在纸上写满了祝福的话语……”

“你是如何做的呢？”妻子问道。

“我什么也没有写，也没有画吸引眼球的风景画，但我在纸上贴了两张一百美元的钞票。”

通过这两则故事，汤姆·霍普金斯想要说明的是：现实中，无论是人还是动物，都具有趋利避害的心理。同样的道理，对于那些销售人员来说，要想让客户放下内心的疑虑接受你推荐的产品，就应该最大限度地让客户感受到，你的产品将给他带来哪些最实际的好处。产品让客户感觉到“有利可图”会极大地促成订单。

很多时候，产品自身的特性就是最大的亮点。人们都清楚，产品自身的特性指的就是产品在设计上体现出的外在功能。人们可以从不同的角度发现产品的特性：从产品的材料入手，比如饭盆的材料是塑料、铝合金；从产品的功能入手，如照相机具有拍摄照片的功能；从产品的样式入手，比如汽车的流线型设计；从时尚方面入手，比如智能手机具有多种功能，打电话、视频聊天、上网娱乐等。可以说，每一种产品都具有它独特的属性。

产品的优点则指的是产品表现出吸引人的一面，例如：纯棉的衣服可以最大限度地吸取汗液，使得肌肤倍感舒服；中性笔适应性更强，携带过程中不会出现漏墨。可以说，特殊利益是指可以最大限度地满足客户特殊的需求，比如：客户每天都要和国外各分公司保持一定的联络，在这种情况下，使用传真机就是首选，因为它不仅速度较快，而且还可以节省大量的国际通信费；牙膏有多种香型，比如闻起来很香的草莓味，可以让客户家的小朋友每天都喜欢刷牙，避免长蛀牙；一双价格不菲的鞋是设计在正式场合才穿的，由于鞋底的材料很柔软且富有弹性，加之透气性能良好，因此客户也可以在上下班的时候穿。

可以说，产品的特性及优点往往是厂家研发设计以及生产产品时关注的核心，它就是为了满足目标客户群的角度而研发和生产出来的，自然能够得到这一客户群的青睐，但不可否认的是，现实中每个客户都存在不同的购买动机，真正能影响客户做出购买决定的因素，不仅仅是产品自身的优点以及特性，还要打消客户的疑虑，让其确实感受到产品所带来的好处。也就是说，产品拥有再多的优点和功能，假如不能让客户清楚地感受到，即便再好的特性及功能，对于客户来说，也不能称之为利益。如此一来，客户就会对产品提出质疑，最终也不会选择去购买。

反之，如果销售人员在面对客户对产品或服务有疑虑的时候充分发掘客户的特殊需求，找到产品的优点及特征，最大限度地满足客户的特殊需求，或者向客户提出解决方案，产品自身的特点就孕育了无穷的价值，这在某种程度上也可以体现出销售人员在销售中存在的价值，否则销售人员根本不能有效地促成订单。其实，销售人员对客户带来的最大贡献，就是要极大地满足客户的特殊需求或帮助客户体会到最大的满足。那么，如何让客户自身得到最大的满足呢？

可以肯定的是，销售人员给客户带来的累积的特殊利益越多，客户得到的满足就越大。也可以理解为，销售人员要掌握将特性转换成特殊利益的方法，具体的步骤主要有：

第一步：从现实的分析调查中充分了解客户的特殊需求；

第二步：从和客户交流中挖掘出客户真实的特殊要求；

第三步：向客户准确无误地说明产品自身的功能及特性；

第四步：向客户说明产品自身的优点；

第五步：告诉客户产品带来的特殊利益，也就是能给客户带来什么样的利益。

那么，如何向客户说明产品能给他们带来的利益呢？很多时候，产品自身的特性和优点大多是以冰冷的、客观的形式表现出来的，在这种情况下，只有借助销售人员的艺术介绍以及肢体语言的表达，才可能将其变得生动有趣，客户内心的疑惑也才会因此而降低。

汤姆·霍普金斯从自身多年的销售工作中总结出“三段论”式的产品说明方法，主要分为三个步骤：首先销售人员要告诉客户产品自身的性质以及特性，然后清晰地阐述以及解说它的意义，最后才告诉客户产品的优点。可以说，这三个步骤是密不可分的，也是销售人员向客户展开销售的前提。销售人员若能说明产品特性，排除客户的内心疑虑，赢得订单的概率自然就会越高。不容否认的是，销售人员的销售重点应该是从产品知识引申出来的。为此，销售人员在日常工作中就应该从产品细节方面入手，多下功夫深入发掘和了解产品自身的性质，做到消除客户的疑虑。

在汤姆·霍普金斯看来，销售人员在演练三段论法时，非常有必要运用三个不同的连接词。比如在第一个步骤时，销售人员向客户提示了产品自身的特性后，在进入第二个步骤前，可以用连接词，如“因而”等表示继续说明产品性质，然后再用“所以说”或者“因此可以说”等阐述产品优点或者结论总结的词语。

如果销售人员简单地认为在销售工作中只要运用合理的逻辑说明手法，就能打消客户的顾虑或者赢得订单的话，那就大错特错了。那些成功的销售人员，就善于打消客户对产品的顾虑，打动客户的心，让客户自身产生出一种渴望拥有产品或服务的欲望。而失败的销售人员，大多钻牛角尖，不能有效地打消客户的疑惑，往往会让客户丧失对产品的兴趣。

在汤姆·霍普金斯早期的销售工作中，他来到一家钢琴厂工作。钢琴厂最初的广告是：“你是否知道，世界上最好的木材有一部分是用来制作钢琴。”然而，此广告投向市场的三个月内，收效甚微，汤姆·霍普金斯意识到，从木材方面对钢琴进行宣传，很难引起客户的兴趣。在接下来的时间里，他改变了销售思路，不再从材料质量方面对钢琴进行推销，而是向客户解释钢琴虽然价格昂贵，但却物超所值。更重要的是，他向客户提供了分期付款的方式购买钢琴。此时的客户虽然意识到分期付款确实减轻了钱款压力，但在成交阶段，客户还是充满疑虑地不做出购买行为。

为了能有效地打消客户的疑惑，汤姆·霍普金斯又想到了一个非常简单的广告：“将您的孩子训练成伟大的钢琴家吧！”此广告一出，果然起到了非常明显的效果，当汤姆·霍普金斯再去向客户推销钢琴时，客户大多打消了内心的疑惑，爽快地答应了购买。因为汤姆·霍普金斯知道，客户认为钢琴“有价值”“能带来利益”，自此之后，钢琴不愁销路的问题了。

由此可以看出，成功的销售人员是那些能够打消客户疑虑的人，而其中一个非常关键的要素就是让客户感觉到利益所在，这是汤姆·霍普金斯总结出的销售圣经，也是销售人员在向客户排除异议过程中最应该参考的建议。

3. 产生异议不要紧，关键要学会借景发挥

销售是一门高深的学问，同时也需要掌握一定的技巧。现实生活中，一些销售人员本来是好意推销，结果却遭到客户的无情拒绝，这些人之所以被拒绝，根本原因是他们没能有效地借助销售时的情景和气氛抓住客户的心理。也就是说，他们缺少读懂客户心理的策略。对此，被称为“推销之王”的法兰克·贝格认为，在日常销售中要掌握借景发挥、借机攻心的策略，这样就能有效地读懂客户的心理，从而让其很难再拒绝销售人员对其进行的推销。

法兰克·贝格通过对销售的研究得出这样的结论：销售人员绝对不要忽视销售中的攻心策略，只有在销售中掌握借景发挥、借机攻心的策略，才能在销售领域中得心应手，并最终成为销售高手。那么，借景发挥、借机攻心在实际的销售中应该如何应用呢？这是很多销售人员都关心的问题。在法兰克·贝格看来，要有效运用好这些技巧就需要实践。他认为，销售中确实蕴含了很高深的学问，尤其是推销技巧，推销技巧实施得好，才不会被别人拒绝，才能更容易达到自己的目的。而推销技巧反映出的则是推销人对客户心理深入的了解，因此，销售中推销技巧的有效实施归根到底是对客户的心理的研究。为此，法兰克·贝格结合实际总结出以下一些有效推销的攻心策略。

第一，销售人员要时刻掌握读懂客户自身情绪的策略

在销售中，每个客户的性格、爱好、心情等有所不同，在这种情况下，就要学会读懂人的情绪。比如，在向一个人推销时，假设

此人刚接完被领导训斥的电话而面露不悦，如果没能观察到此人的情绪，便向其推销，极有可能遭到此人的拒绝，甚至还会使这个人的情绪变得更加糟糕。这个人心里可能会想："推销人员真不识趣，我刚被领导训斥完，哪还有心思听你推销呢？"显而易见，此次推销自然会以失败告终，这便是推销人员没能察言观色带来的结果。如果推销员能在推销前留意一下对方的情绪，当对方接完被老板训斥的电话后，不是急着推销而是对其心理展开疏导，这样说道："没什么，其实受到领导的批评并不是什么坏事，这可以激励我们将工作做得更好，这样才利于我们成长，您说对吗？"紧接着，推销人员可以借机对对方说："希望您的工作能更加顺利，前途无量！"相信当对方看到推销人员如此真诚的推销后，很难再拒绝推销人员了。这样一来，推销人员的推销目的就此达到，双方在接下来的销售交谈中也必将会建立起良好的关系。

第二，销售人员要做到充分理解客户

理解二字在社会交往中非常重要，尤其是在销售中。比如，一家企业为了答谢老客户对公司的支持与厚爱，会定期邀请老客户参加一些活动，效果却不理想。公司的一些高管抱怨："本来想通过宴请的方式增进与老客户之间的联系和交流，可在向他们介绍新产品的过程中，他们却不给面子，甚至回绝了推销，真搞不清为何会落得一个如此尴尬的场面。"对此，法兰克·贝格明确指出，推销本没有错，错就错在企业高管没能充分理解老客户，并耐心听取他们的意见，导致推销被拒绝。比如，当有老客户抱怨对企业的产品质量不满意时，如果企业高管们没能充分理解他们，并耐心听取他们的意见，那么此刻实施推销肯定会遭到无情的拒绝，因为老客户此时心理已对企业高管不负责的态度感到厌烦，又怎能接受推销呢？所以，面对此类问题最明智的做法就是，当老客户抱怨对企业

产品质量不满意的时候，企业高管一定要耐心细致地倾听，并充分理解他们的抱怨，还要借助销售的场景和气氛，对抱怨的老客户实施攻心策略。比如企业高管可以这样说：“您反馈的信息对企业的发展非常有帮助，对于您提到产品质量的问题，我们会责成有关部门及时改正，我们能深刻理解您对产品质量出现问题后的感受，谢谢您对企业的关注与意见，相信企业的发展在您的监督之下一定会越来越好。”相信企业高管借景说出这番话后，老客户心里的怨气一定会减少，而此时，为了能赢得老顾客更多的支持，企业高管再顺势对老客户说：“为了企业快速健康的发展，我们希望能够得到您更多的指点，公司的发展与您的支持是分不开的！”在这种场景以及企业高管如此猛烈的攻心策略下，相信老客户是没有理由拒绝推销的，如此一来，用攻心策略有效实施推销的目的也就此达到了。

第三，销售人员要营造出便于自己推销的气氛

很多时候，一些人为了躲避别人的推销，谎称自己对产品不感兴趣或者表现出各种疑虑的神情，在这种情况下，大多数推销人员自然无计可施。其实，想要让那些躲避推销的人欣然接受自己的推销，需要采用一定的策略，而这个策略就是要制造出一种让客户不好意思回绝的推销气氛。比如，在情人节这种充满浪漫和爱意的特殊日子，往往有大量牵手逛街，相互依偎的情侣，这种深情的气氛为有效推销做多了铺垫，如果有客户称自己对销售人员推销的产品（鲜花、甜品、装饰品等）不感兴趣时，销售人员完全可以借助节日的幸福气氛，对其实施这样的推销策略：“您好，情人节快乐！我们注意到您正需要一些在回忆里留下美丽色彩的礼物，我们的花束有多种风格和颜色可供选择，您是否有什么特别的偏好呢？像玫瑰代表热烈和真挚的爱情，百合代表纯洁和深情的承诺，我们还可以根据您喜欢的元素为您打造一束独一无二的鲜花，今天您的女朋

友将是朋友圈里最出片的美女，祝二位甜蜜一生，长得漂亮活得也漂亮。”

相信那些本来对礼品不感兴趣的人在发如此幸福的气氛下是不忍心拒绝销售人员的推销的，最好不要破坏粉红泡泡的气氛，这便是借助节日的气氛有效实施推销的一种策略。

美国著名销售大师博恩·崔西早期在一家软件公司做客户服务经理，每天要解决客户提出的关于软件方面的诸多问题。这一天，公司领导让博恩·崔西到纽约出差去拜访一位老客户，顺便向其推荐公司新推出的软件。博恩·崔西来到纽约后，与客户取得了联系，并将见面地址安排在一处环境优美的酒店中。半个小时后，老客户如约来到酒店的包厢中。酒菜上齐后，博恩·崔西站起身向老客户推销时却发现老客户并没有要举杯的意思，而是坐在一旁摆弄着电脑。此时的博恩·崔西感到非常尴尬，心想：这名老客户给自己的印象是热情友好的，平时都会欣然接受自己的推销，今天怎么表现得如此冷淡呢？他转念一想，肯定有哪些地方做得没有令老客户满意。于是，他毕恭毕敬地将一杯茶水递到老客户身旁，并微笑着问道：“波克先生，您使用我公司的财务软件有哪些方面的问题呢？”还没等他说完，只见波克猛地合上电脑，劈头盖脸就是一顿怒吼：“你们公司设计的软件问题太多了，每次在使用的过程中都会出现资料不能被保存的情况，因此，我们有很多财务数据都丢失了。你说说看，我能不着急吗！”

在波克抱怨的过程中，博恩·崔西一直默默地听着，因为他明白，要耐心听取客户的诉求才能有效解决问题。倾听的过程中，他还用笔记录下波克先生对软件提出的意见。等波克先生说完后，他起身对波克先生说道：“听完您对软件的使用情况后，我非常能理解您的心情，我们设计的软件还需要改进，给您带来的不便深表歉意，我一定会把这个情况及时汇报给公司设计部门，让他们及时修改软件的缺陷。”

博恩·崔西说完，见波克先生似乎仍没有从怒气中摆脱出来，于是再次用带有歉意的口吻对波克先生说道："我知道，我们的失误给您带来了一定的损失，请您给我们一个月时间，如果我们没能及时将软件的漏洞根除，我们将退还您的软件使用年费。希望公司在发展中能得到您的批评与指正。"说完，博恩·崔西站在一旁看波克的反应。此时他注意到波克脸上的怒气明显消退了很多。这一场对话后，波克先生被博恩·崔西真诚的态度打动，对软件存在的疑虑也有所降低。之后，博恩·崔西所在公司努力消除了软件的这一弊病，博恩·崔西借此机会对波克进行推销，最终打动了波克，赢得了一笔订单。

从以上销售过程中可以明显地看出，在向别人推销时有必要掌握攻心的策略，而在没有读懂人心的前提下，尽量不要盲目地推销，因为这样会让推销遭遇变数。鉴于此种原因，销售人员还是有必要学习法兰克·贝格总结出的销售策略，即以客户为出发点，并借助销售的气氛，消除他们疑惑的同时，对其实施有效策略。只有这样，才能收获意想不到的效果。

4. 情义为什么是排除客户内在异议的"柔性武器"

二十世纪七十年代，乔·吉拉德在雪佛兰汽车公司的销售工作中，与分别五年之久的高中同学有幸相聚，由于两个人在人生发展方面有共同的理想和抱负，所以两个人的关系非常好。虽然两个人选择的职业相同——都是销售人员，但他们选择的行业却不同——乔·吉拉德选择的是汽车销售，而同学选择的却是玫琳凯化妆品的销售。

这一年，当乔·吉拉德得知阔别已久的高中同学要来底特律时，决定好好宴请他。为此，乔·吉拉德在底特律选择了一家咖啡店的包厢。为了能给同学一个惊喜，乔·吉拉德特意在包厢外面进行了一定的装饰。当同学来到咖啡馆包厢，首先映入眼帘的是漂亮、自然的装饰，他心头不禁一热，见到乔·吉拉德后，两个多年未见的好友紧紧地抱在了一起。就座后，只见乔·吉拉德站起身，对同学说道："自从与你分别后，就一直没有联系到你，每当回想起你我曾促膝长谈的情景，我便禁不住感慨。没想到还有机会与你重逢，真是上帝对我的关照！"随即两人便畅谈起来。当两人聊到各自所从事的职业时，乔·吉拉德告诉同学，自己在雪佛兰汽车公司从事着汽车销售的工作，同学毫不掩饰地说道："我最近确实想买一辆汽车，可听说雪佛兰汽车出现了召回事件，不知道是不是真的？"

此时，乔·吉拉德喜悦地意识到，眼前的老同学竟然是自己的潜在客户，但很明显他对雪佛兰汽车的安全问题存在一定的疑虑。为了打消他的疑虑，乔·吉拉德坦诚地对同学说道："的确如你所说，雪佛兰汽车在一年前因为刹车片问题遭到召回，很多客户因此对雪佛兰汽车有了新的认识。其实，我想要说的是，雪佛兰汽车公司在认识到问题的严重性后，便下力气对汽车生产环节进行了紧密的跟踪，并以'零缺陷'作为最终的目标。不仅如此，雪佛兰汽车公司还推出一项弥补措施：对于被召回汽车的车主，可以多享受三年的免费检测服务。假如汽车再次出现问题，雪佛兰承诺向每位客户赔付三倍于汽车总款的赔偿。"通过这样的交谈，同学对雪佛兰汽车在安全方面的疑惑消失殆尽，随即再次和乔·吉拉德畅聊起来，甚至当即表示会购买一辆雪佛兰汽车。

乔·吉拉德正是因为掌握了销售中的技巧，不仅使自己与同学的关系得到了进一步的升华，而且还打消了同学的顾虑，成功收获了订单。人们可以从乔·吉拉德的销售中读懂这样的策略：

策略一：巧妙地给销售“套上”情感的外套

很多人或许不太理解为何要给销售穿上外套，以及怎样才能穿上情感的外套？这些问题萦绕在很多销售人员脑中，让一些人找不到问题的答案。其实，只要仔细思考便可以找到问题的答案。众所周知，销售可以人为地设置情感。例如，借助朋友聚会或者同学聚会的机会进行销售，这些销售就被人为地赋予了情感因素，在情感因素的作用下，销售往往更容易让人接受。毕竟人是情感动物，情感是人心中最柔弱的部分，在情感的包围下，销售中双方的关系自然能得到舒缓。

策略二：一览无余地表露自己的情感

当乔·吉拉德见到同学后，不仅紧紧地抱在一起，而且在沟通的过程中还真诚地表达出思念同学的情感，在这种情况下，同学内心不仅深受感动，还会真切地感受到乔·吉拉德的真情实意，这样一来，双方进一步增进了感情，之后的交易自然就顺理成章了。

策略三：坦诚的态度必不可少

案例中，当同学谈起雪佛兰汽车召回事件后，乔·吉拉德并没有掩饰事情的真相，而是非常坦诚地向其说明了原因以及补救措施。在这种情况下，同学此前对雪佛兰汽车安全方面的疑惑也降到了最低，因为乔·吉拉德坦诚的态度感动了他，在这种情况下，其内心自然非常愉悦，从而达成购买汽车的意向。

由此可以看出，作为销售的重头戏，情感铺垫是不可或缺的环节，但真正有效地将情义释放出来，以及通过情义来增进彼此间的感情却需要一定的技巧，而这些技巧实施的好坏不仅关系到感情能否得到增强，还决定着销售是否成功。因为在很多时候，情义如同一把直击客户心灵软肋的“利刃”，瞬间赢得客户的心，最大限度地排除客户内心对产品或服务产生的异议，从而赢得订单。因此，人们不妨从乔·吉拉德的销售策略中学习用情义联络感情，并实施销售的方法策略。

5.“挑刺儿”的客户为什么是最容易成交的人

在现实生活中，销售人员经常会遇到一些对产品不断提出质疑或者不断挑刺儿的客户，而此时相信很多人不知道该如何向他们实施推销，更谈不上拿下订单了。可对于保险业务员弗兰克·贝特格来说，他总能游刃有余地处理好和客户之间的关系，从而让客户内心的质疑极大地降低，顺利促成订单。那么，他是如何做到的呢？

弗兰克·贝特格大学时学的是金融专业，毕业后一直没有找到合适的工作，敢于拼搏的他决定从一名保险业务员做起，以便一步步实现人生理想。但他也知道，保险行业的薪酬虽然高，但每一笔订单都可能面临被拒绝的尴尬，还会面临对产品提出质疑的客户。在这种情况下，他并没有丧失斗志，而是满怀信心地踏上保险业务之路。

保险业务员每天都会与不同的客户打交道，当他在一个美国社区向居民宣传保险的好处时，克丽丝太太对弗兰克·贝特格讲解的保险非常感兴趣，并详细询问保险的相关事宜。弗兰克·贝特格见克丽丝太太对保险如此感兴趣，便为其耐心细致地讲解起来，最终两人聊得非常投机，克丽丝太太产生了购买保险的想法。在克丽丝太太将想购买保险的事情告诉其爱人后，其爱人坚决认为保险是骗人的，经过克丽丝太太的耐心劝说，他才答应让克丽丝太太购买保险，但有个条件，那就是要见见弗兰克·贝特格。

克丽丝太太和爱人来到弗兰克·贝特格约定好的地点，弗兰克·贝特格赶紧起身相迎。当弗兰克·贝特格看到克丽丝太太的爱人也来了时，他意识到，克丽丝太太的爱人肯定是个喜欢“挑刺儿”的人，因此他做好了心理准备。经过热情寒暄后，弗兰克·贝特格给克丽丝太太及其爱人倒了一杯咖啡，并闲聊起来。闲聊中，克丽丝太太的爱人当场表示对保险持怀疑态度，同时又接连对保险中的条款进行质询。面对如此情形，弗兰克·贝特格并没有慌了阵脚，而是对其说道：“您说的我非常能理解，因为保险行业有时会出现一些骗取保险人保险费的事件，但这毕竟是少数，我相信大多数保险从业人员还是可以信赖的。再者，您刚才提到的保险条款可能存在的问题，我想要告诉您的是，这些条款的制订都是从被保险人的角度进行考虑的。”说完这些话以后，弗兰克·贝特格再次微笑地说道：“非常感谢您对我工作的支持，在工作中也希望得到您的指教。关于您太太购买保险一事，您或许应该支持，因为，您的支持换回的是保险对您全家的一个保障。看得出，您一定是个有文化修养的人，可以认同保险自身发挥出的保障功能，您说对吗？”当克丽丝太太的爱人听完弗兰克·贝特格这些话后，停止了原本想继续对保险“挑刺儿”的行为，并和弗兰克·贝特格深入讨论了关于保险的一些细节，最终在弗兰克·贝特格耐心的解说下，他对保险存在的疑虑得以解决，爽快地答应了购买保险。

从弗兰克·贝特格向克丽丝太太销售保险的事例中可以看出，虽然克丽丝太太的爱人对保险条款不断地“挑刺儿”，让人感觉到他的苛刻，但弗兰克·贝特格并没有被其吓退，而是通过销售技巧化解了其对保险存在的偏见，最终促成了这笔保单。

现实中销售人员在工作时，经常会遇到各种意想不到的事情，最令人们头疼的就是客户对产品和服务不断提出质疑，也就是“挑刺儿”。在很多销售人员眼中，如果客户没有接受自己的销售，并不断挑刺儿，说明这个人对自己存在戒备心理，如此一来，自然也就无法完成订单了，弗兰克·贝特格总结出以下一些在销售时打消客户顾虑、赢得订单的策略。

第一，面对“挑刺儿”的客户，必须读懂他的性格特征

正所谓“知己知彼，百战不殆”，弗兰克·贝特格表示，在日常销售中，经常会遇到一些“挑刺儿”的客户，这样的人看起来非常苛刻，似乎他们对任何事情都不感兴趣，这样想的话就大错特错了。因为“挑刺儿”并不代表他们没有感情，相反，感情或许还会十分丰富。因此，就要了解他们的性格特征，为有效销售打好基础。比如，弗兰克·贝特格在销售中通过观察发现，虽然克丽丝太太的爱人对保险条款不断地质询，但从另一个角度也说明其对保险的兴趣，只不过心存疑虑罢了。在这种情况下，弗兰克·贝特格要做的只是打消其内心的疑虑。通过“您的支持换回的是保险对您全家的一个保障”这句话，极大地消除了其内心的疑惑。

第二，一定要满足客户的虚荣心

很多时候，销售的对象可能是个表情异常严肃的人，这样的人的面部表情似乎也很单一。很多销售人员不知道该如何对他们进行推销。虽然对严肃的客户进行销售可能会不太顺利，但还是有方法可循的，而这种方法就是要满足对方的虚荣心。很多时候，他们只是刻意隐藏自己的虚荣心而已，在这种情况下，就要满足他们的

虚荣心。比如，在弗兰克·贝特格销售案例中，为了满足克丽丝太太的爱人的虚荣心，弗兰克·贝特格用了一句“看得出，您一定是个有文化修养的人，可以认同保险自身发挥出的保障功能，您说对吗？”这句话满足了对方内在的心理需求，从而为有效促成订单打好了基础。

第三，对客户的“挑刺儿”要做到不急不躁

现实中，经常可以看到一些销售人员和客户相谈甚欢，也许很多人会不解：“为何销售人员能和客户建立起如此好的关系呢？”其实，一个非常重要的因素就是对客户的“挑刺儿”要不急不躁，换句话说，就是要有好脾气。比如，在克丽丝太太的爱人说出对保险的看法时，弗兰克·贝特格通过真诚的销售以及耐心的解说，转变了其对保险的态度。如此一来，双方的沟通才得以顺利进行下去，最终成功地将保单收入囊中。

很多人认为，很难将产品成功地销售给挑剔的客户。其实不然，很多销售人员之所以没有赢得订单，最关键的因素是没有打消客户内心的疑虑。因此，对待挑剔的客户，首先要做的就是打消客户的顾虑，弗兰克·贝特格的销售策略就值得借鉴。按照他的观点，“挑刺儿”的客户从某种意义上来说是最容易达成订单的人，因为只要最大限度地读懂了客户的心理特征并将其内心的疑惑排除掉，订单的成交只不过是迟早的事情。

6.“权威效应”为什么会对销售起到意想不到的作用

在销售工作中，销售人员给客户留下良好的印象是非常重要的。尤其是面对那些具有良好素养且喜欢对产品提出异议的客户，销售人员更要努力打造出权威的形象，以便博取对方的信任和好感。第一印象的好坏，很大程度上决定了客户是否愿意继续和你交流。权威形象包括很多方面，例如，销售人员的衣着打扮、言行举止以及对产品了解的程度。

波利特·菲尔是一名很有才华的咨询顾问，一次，他被朋友邀请去讲演会演讲。在演讲时，波利特·菲尔旁征博引，侃侃而谈，得到了大家热烈的掌声。有一位公司的老板非常欣赏他，打算将旗下的一笔业务交给他，与他进行一次合作。讲演会结束之后，主办方又举行了一场自助酒会。很多人都来参加酒会，包括波利特·菲尔和那位老板。然而，有人突然发现波利特·菲尔是穿着一双白袜子来参加酒会的。众所周知，销售顾问应该穿黑色系或者深蓝色系的袜子。显然，波利特·菲尔没有注意这个小小的细节。那位老板得知波利特·菲尔穿了一双白袜子后，觉得这个人很不专业，因而打消了与他合作的念头。波利特·菲尔因此错过了一次和客户合作的机会。

也许有人会觉得这很不公平，认为穿着上的细节没必要苛责，那些以貌取人的客户很肤浅。其实不然，既然选择了销售这个行业，就要时刻注意自身的形象，在客户眼中树立起专业的印象。此外，言谈举止也是在客户心中建立权威印象的重要因素。通过销售人员的谈吐和举止，客户可以判断出这个人的受教育程度和职业素养。

一次，著名销售人员博恩·崔西去拜访一个客户，在向对方推销自己的产品时，崔西没有谈论过多关于销售的话题，但是他优雅的谈吐却给对方留下了深刻的印象，让对方一下子就记住了他。当崔西再次拜访这个客户时，对方谈起初次见面时对他的印象：“你在言行举止间始终透露出一种儒雅的气质，因此我对你的印象非常不错，并且很信任你。”最后，客户和崔西签下了订单，并且在订单签订后，客户又主动介绍了一些朋友给崔西认识。

可以说，崔西之所以成功地与客户签订了订单，与其树立的良好形象是分不开的。既然树立自身形象如此重要，那么具体又该怎样做到呢？

（1）销售人员要注重对个人形象的包装。每天早上起来时，多花些时间照照镜子，整理一下仪表，看看自己的状态是否已经调整到最佳。如果发现哪里不符合要求的话，在出门之前就要做些调整和改变。其实，穿着得体往往也会让你对自己的感觉发生变化。清晨起来，穿上一件笔挺整洁的西服，系上考究的领带，全身上下都会洋溢着自信。当你自我感觉良好时，客户也会感受到你的自信，无形中就增加了签单的成功率。

（2）销售人员还要特别注意服饰的搭配。因为服装会体现出一个人的职业素养和专业态度。销售人员的着装也要体现出自己的职业特点。如果你销售的是美发护发用品，你就应该有一个干净得体的发型；如果你从事的是金融方面的销售，你最好穿得庄重严谨，给人一种成熟稳重的感觉。

（3）销售人员要穿着整洁干净。国外服务行业有一条不成文的规定：即使你只有三套衣服，也要保证每天换着穿。这样可以给别人带来新鲜感，既表明你喜欢整洁，也能体现个人的经济实力。有的公司可能会规定统一穿制服，那么你就可以改一改发型或者换一下鞋子，或者在配饰上换一些花样。经常变换自己的衣着，可以让客户感受到你的活力。

（4）销售人员的言行举止要大方得体。在和客户见面时，首先要放松心情，不要过于紧张。当你去拜访客户时，注意一定要从正门进去，而且在离大门一段距离的地方就要下车。销售人员与客户见面时，首先要递上自己的名片，名片要放在身上固定的地方，一般是西服上衣的口袋里。如果客户正在处理要事，不管有没有预约，都要耐心等待。

有的销售人员在与客户交谈时，惮于对方的身份，容易变得不自信。脸上总是带着"不好意思，占用了您宝贵时间"的表情，这会给客户留下极其不好的印象。客户会以为这个销售员欠缺经验，而且对自己的产品缺乏信心。因而销售人员在接近客户时，一定不要唯唯诺诺，也不要一味地奉承讨好，要把握好分寸，不卑不亢。

（5）销售人员应该充分了解和熟悉自己的产品。事实证明，一个仅仅能够推销具体产品的销售人员和可以推销产品功能的销售员的销售业绩相差非常大。一位出色的销售人员首先应该清楚了解自己所推销的产品的定位，最能满足哪一个层次人群的需求，并且开发出产品多层次性的特征，以便将来面对客户的不同需求时能够做到应对自如；其次，销售人员要全面了解自己的产品的基本数据。对于产品的一些专业数据不仅要倒背如流，而且最好能清晰地讲解给客户；最后，销售人员要对自己的产品有信心。销售人员只有对推销的产品树立起信心，才能用自己的情绪感染客户，让他们愿意聆听你的讲解。

客户对于一个企业的生存与发展至关重要，成功地进行客户销售，是保证企业快速稳定发展的重要手段。在客户心目中树立起权威印象，对促成一笔订单有着极其重要的作用。作为一个优秀的销售人员，一定要熟悉产品性能，建立起良好的权威形象，这样才能在对客户的销售中无往而不胜。也只有这样，才能牢牢把控销售的主动权。

7. 客户的异议不会吓退善于打破僵局的人

销售对于一个企业的生存与发展有着极其重要的作用，但在销售过程中，销售人员往往会遇到客户各种各样的刁难，从而使销售陷入僵局。如果想要打破僵局，巧妙应付客户的拒绝，成功推销自己的产品，销售人员就要认真分析，寻找出僵局背后隐藏的机会。

普雷策·哈里是一名普通的销售员，有一次他要向一家跨国企业的采购经理推销自己的产品，可是一直得不到见面的机会，于是他决定电话拜访。电话接通后，哈里先是有礼貌地说："您好，请问是法鲁克经理吗？我是哈里，曾经给您写过信，我想登门拜访，只占用您几分钟的时间，明天或后天都可以，您觉得哪一天合适呢？"客户说："你的信我读过，我对你的产品不感兴趣。"哈里说："这个我能够理解。谁也不会在没见到产品的情况下，就贸然作出判断的，所以我才认为有必要当面跟您介绍。经过市场调查，我们发现这个产品对您的公司很有帮助，见面后我会为您提供更详细的资料。"客户说："最近我没有时间。"哈里说："我知道您掌管这么大的公司，肯定很讲究效率，其实我也是一个讲效率的人，所以才事先打电话预约。请您相信，我不会占用您太长时间的。"经过哈里耐心的解释，这名客户同意了和他见面的要求，并最终签订了这笔订单。

在这个案例中，原本客户都没有想和哈里见面，但是哈里并没有轻言放弃。面对客户一次次的拒绝，他依然态度从容，耐心讲解，终于得到了与客户见面的机会。其实，拒绝不过是客户的借口，销售人员在面对客户的拒绝时，一定不能暴露自己的弱点，不能有慌张、颓丧和失望的情绪。如果不能以良好的态度赢得对方的认可，就无法突破销售的僵局，成功地获得一份订单。

有一次，奥地利一家食品公司的销售员比尔·特里拿着公司的几种新产品走进法国家乐福总部的采购办公室，对方的采购经理只是看了一眼，就退还给了比尔·特里，然后对他说："你们公司的产品虽然价格低廉，但在我看来缺乏吸引消费者的亮点，现在我们店中销售的同类产品都有各自的特色，没有必要再去引进新的产品，而且我们这里衡量产品的好坏是根据单位面积的利润贡献率，我不认为你们公司的产品会卖得很好，搞不好还会影响到店里的总体业绩，因此我没有办法与你合作。"面对采购经理的回绝，比尔·特里并没有灰心。他清楚对方对价格问题没有异议，只是担心自己的产品没有市场前景。于是，他首先向对方强调了产品在价格上的优势，并说明这是规模化效益的保证，而对于新产品如何打入市场的问题，比尔·特里又耐心地介绍了本公司的上市方案，把综合优势详尽地讲解了出来。最后，这位经理终于被比尔·特里说动了，并与他达成了这笔交易。

可以看出，比尔·特里在这次销售过程中，面对客户的冷淡拒绝没有气馁，而是积极分析并找出了遭到对方拒绝的原因，并对症下药，打消了对方的疑虑，因此成功地获得了一笔订单。由此可见，陷入僵局时保持良好的心态十分重要，如果比尔·特里当初轻易放弃，没有积极地去争取，这笔订单就会从手中溜走。

想打破销售僵局，要借助一些方法，其中包括：

（1）销售人员要注意诚信——要让客户信任自己，这就需要销售人员一定要一心一意为客户着想，并要经常和客户保持联系。销售人员在客户眼中是"不速之客"，所以应该主动接近顾客，让自己渐渐转变为被客户接受和欢迎的人。在被客户拒绝后，要认真分析对方的想法，找出被拒绝的真正原因。同时，为客户提供更加详尽的资料，耐心细致地介绍产品，供客户决策时参考。销售人员在说服客户时态度要从容，切忌羞羞答答；应该权威性地介绍说明产品的特性，打消对方的疑虑，从而激发起其购买的兴趣。

（2）巧妙运用激将法。面对一个做事犹豫不决、优柔寡断的客户，销售人员有时可以直接告诉客户："我相信你是一个处事果断而不是拖拉、犹豫的人。"实际上，这就是一种激将法，使客户不好意思让你的期望落空，从而与你成交。日本的推销女神柴田和子就经常运用这个办法，当她遇到扭扭捏捏的客户时，总是说："只有能果断行事判断、毫不迟疑作出决定的人，才是人中之龙。"这些说法无形中把自己希望对方果断的期望传达给了客户，使客户认为他应该是个果断的人，为了不被人看低，往往就会答应完成这笔交易。

（3）创新销售的模式。传统的客户销售的常用方式是请客户吃饭喝酒、桑拿按摩、打业务牌，但是这些已经变成了很多人的通用模式。经济学中的"边际效用递减原理"表明，当客户消费同一种东西的次数越频繁，他所觉察到的效用价值就会减少。当你在销售过程中出现僵局时，你想拿下这笔订单就必须设计"自选运作"，并力争增加创意。

现实销售中，销售人员尝试给客户一种全新的体检，也许就能够获得出其不意的效果。比如，在圣诞节的时候给客户发一条问候的短信并送上一份精美的圣诞礼物。面对形形色色的客户，要想打破销售僵局，获得客户的尊重和认可，就必须靠创意取胜，这样才是赢得订单的关键。

不得不强调的是，现实销售中，销售人员不要被客户存在的异议吓退，而应该鼓起勇气运用打破销售僵局的策略，并用积极的心态去看待销售，因为在很多时候，客户存在的异议好比是成交前必须要经历的"暴风雨"，暴风雨过后，出现的才会是绚丽的彩虹。

第八步

达成意向

——成功就在一瞬间，

紧握手中的筹码

达成签单意向被视为销售成功的关键阶段，同时也是整个销售流程中最重要的一环。在很多销售人员看来，客户接纳了自己及所推荐的产品或者服务，并有足够资金购买，他们便认为客户签单已成定局，但是事情的发展远没有他们预想的那样顺利。往往在与客户签单的关键时期，客户却突然以种种理由推脱掉订单，使销售以失败告终。那么，究竟是什么原因使销售人员即将到手的订单化为泡影呢？销售人员应该在成交阶段注意哪些问题呢？为此，销售大师菲利普·科特勒认为，销售人员在和客户签订订单的过程中，虽然成功就在一瞬间，但如果没有紧握手中的筹码，同样会失去订单，而其中的筹码包括：有没有注重细节、有没有让客户感觉到销售人员的“原形毕露”、有没有注重成交的场合等等。

因此，进入达成签单意向阶段后，销售人员不要以为万事大吉，而应继续紧握手中的筹码，这样才能把握成功，赢得订单，如若不然，成功就会在瞬间消失，订单也将不复存在。

1. 切记——签单过程并不是一帆风顺的

很多时候，销售人员在和客户签订订单的过程中，总会有意想不到的突发情况出现，这就使得签订订单的过程充满了变数。虽然签单的过程并不是一帆风顺的，但销售人员完全可以做到提前预设出现的变数和应对方案，以便实施补救措施，最终顺利地达成签单。

被誉为“现代销售学之父”的菲利普·科特勒认为，客户在即将达成签单的过程中出现变数，与其自身的“心理玄机”有关，为此，销售人员读懂并破解这些玄机才能紧握手中的筹码。心理玄机其实就是隐藏在每个人内心深处的不为人知的想法，而那些成功的销售大师们却能巧妙地破解客户的“心理玄机”，促成订单。菲利普·科特勒就是这样一位善于破解客户“心理密码”的销售战略大师，他从自身的销售过程中总结出了这样的经验：

第一，在即将成交阶段，销售人员突然接到客户电话，并被告知不能签单的情况。在菲利普·科特勒看来，这样的客户不能签单是有一定原因的。有时候，客户由于种种原因会搁浅签单的计划，这时就需要销售人员从客户的实际情况出发，破解他们不为人知的“心理玄机”，并在适当时机给予客户一些参考性建议。如果提供的参考性建议被客户采纳的话，订单也就随之而来了。

有些销售人员在临近签单之际，遇到客户突然打来电话，客户可能会说：“实在对不起，由于急需一笔资金投资，所以暂时不能签单。”这样的客户口吻非常温和，似乎能够看出他们签单的概率将不会太高，于是销售人员便对此订单不再抱有希望，签单自然就无法完成。但在那些销售冠军看来，即使客户口头上以各种理由推延签单，他们还是会认真分析客户推延签单背后的“心理玄机”。

在遇到类似这种情况时，销售冠军通常会这样做：在不打扰客户正常休息的情况下，主动找到客户，耐心听取他们遇到的问题，并在适当的时机发表自己的观点，同时他们会站在客户的角度分析问题，并为客户提供建设性意见。例如，当客户说：“从互联网上我发现了比贵公司价格更加低廉的产品，而且该产品还有一定的优惠。”听完客户的诉说后，销售冠军会从客户的角度进行分析：“的确如您说的那样，网上确实有一些价格低廉且与我公司产品功能相近的产品，但我可以负责任地讲，这些产品很多都是仿造品，外观上与我公司生产的产品差别并不大，只有使用以后才会发现它们之间的差距。再者，这样的产品往往不会摆到实体店去销售，而是通过网络销售，那么当产品出现问题时，售后服务也就成了令消费者头疼的问题了。”客户听完销售冠军的分析后往往会恍然大悟，同时也会打消在网上购买价格低廉产品的决定，这样，这位销售冠军自然也就能与客户成功签订购买订单了。

由此可以看出，销售冠军通过破解客户的“心理玄机”，不仅了解到客户心里的真实想法，帮助客户避免了购买假冒伪劣产品，同时，也为自己赢得了一份订单和良好的信誉。

第二，临近成交客户却突然消失。很多从事销售工作不久的销售新人经常会说：“之前和客户谈得很好，客户对产品也表现出很强烈的兴趣，可就是在签单之际却不见了客户的踪影，电话打不通，房门紧闭……”此时，这些销售人员就会放弃，也不会继续追问究竟是什么原因使客户“临阵脱逃”。而销售冠军通常会这样做：客户的“临阵脱逃”虽然也会给他们一定的打击，但他们并没有因此丧失斗志，他们会通过该客户的社会关系联系到客户，找出隐藏在他们背后的“心理玄机”。通过和客户的沟通他们会得知，客户近期由于财力紧张而被迫取消购买产品的计划。销售冠军了解到客户的“心理玄机”后，当即决定帮助客户分担一些困难，给予客户充分的信任和理解，等到客户有能力时再来购买，客户感激你的同时，也会向其他有需要的朋友介绍该产品。这样，销售冠军通过有效破解客户的“心理玄机”，不仅帮助客户解决了实际困难，还无形中收获了客户介绍的潜在客户。

从菲利普·科特勒总结出的这些经验中不难发现，只有破解了隐藏在客户内心深处的“密码”，才能更加直观地了解客户内心的真实想法，销售人员才能与客户顺利签单。此外，菲利普·科特勒还强调，千万不要以为成交的过程是一帆风顺的，在这个过程中会遇到许许多多“意外”情况，这些意外在很大程度上会影响到最终结果。为此，优秀的销售人员应该做好心理准备，并深入透彻地挖掘客户内在的心理玄机，以便能及时做出补救措施，顺利和客户签订订单。

2. 究竟是什么“诅咒”了订单的顺利签订

在日常的销售过程中，销售人员在成交这个环节中会表现不同的态度，有些销售人员认为订单即将到手，于是表现得非常随意，不再注重环境，而是随便找个地点约客户来签单，这往往会影响签单的顺利达成。也就是说，一个不起眼的疏忽导致了整个销售计划的失败。因此，在临近签单的关键时期，签单环境的选择往往直接关系到签单的成败。

著名销售大师杰·亚伯拉罕讲述了这样一件发生在自己同事身

上的销售案例：这个同事刚从事销售工作，虽然在自己的帮助下学到了很多销售技巧，但他运用起来还存在一些问题，集中体现在他没有正确选择好利于成交的环境。据亚伯拉罕所知，这位同事通过自身的努力，成功说服了索尼公司的一位代码测试工程师购买他销售的保险理财产品。双方谈得非常默契，代码测试工程师也对该理财产品表现出非常浓厚的兴趣，于是这位同事和代码测试工程师约好签单的具体事宜，对方也欣然应允。这位同事以为这笔订单的签订不会出任何差错，便随便选择了一处离公司较近的快餐店与客户签订理财产品的协议。

当代码测试工程师赶到餐厅的时候，正值用餐高峰，周围挤满了准备用餐的人，好不容易找到一处座位后，这位同事便从包中拿出了理财产品的协议准备让对方签。此时，代码测试工程师问道："这款理财产品预期的收益率真能够达到10%吗？请您确认一下。"说完便等待他确认，可等了许久都没有得到回复，因为此时嘈杂的人声早已淹没了他的提问。代码测试工程师面带不悦，同时也表现出焦躁的情绪，随即头也不回地离开了餐厅，一笔订单就这样流失了。

为此，杰·亚伯拉罕从自身多年的销售经验总结出选择成交环境的一些注意事项。他认为，销售人员要时刻创造有利于成交的环境，其中包括：

第一，正规的商务场合。在商务性非常强的环境中，销售人员应身穿正装与客户签单。此时，客户在这种商务环境中能够感觉到销售公司的正规性，同时也能显现出个人的身份和地位。销售高手大多会事先电话联系或者上门通知签单的时间及地点，在得到客户的肯定答复后，便开始落实有利于签单的环境。通常，他们会选择商务性非常强的场所，这样既是尊重客户的表现，也体现了自身销售的专业化。

第二，环境安静的咖啡厅或者茶餐厅。在这样的环境中与客户签单，会让客户感觉非常放松。因为在柔和灯光、舒缓音乐共同的作用下，客户的身心得到了很大放松，销售人员就会更容易实现其自身的销售计划。销售高手通常会事先根据客户的个人喜好精心挑选他们喜欢的环境，如客户经常来的咖啡厅或茶吧等，选择这样的环境可以有效拉近和客户之间的距离。当和客户真正建立信任之后，客户就会放下心中的疑虑与销售高手签单。

不仅如此，杰·亚伯拉罕还总结出一些不利于成交的环境：

第一，环境嘈杂的餐馆或者娱乐场所。在这样的环境下，别说是与客户签单了，就连彼此说话的声音都有可能被其他声音“淹没”，自然会干扰到客户的情绪，当然也就不利于签单了。

第二，销售人员在没有得到客户许可后贸然进入客户家中。有些销售人员会主动提出到客户家中与客户签单。很多时候，销售人员的这种行为会使客户感到非常尴尬。因为每个人都有自己的生活隐私，如果销售人员在没有打招呼前便主动上门造访的话，会引起客户的反感。

从杰·亚伯拉罕以上总结的经验来看，选择好利于成交的环境确实对签单成功与否起着非常重要的作用，如果销售人员不注重这个细节的话，就很容易使客户流失。正如杰·亚伯拉罕所强调的：“销售到了签单阶段，千万不要麻痹大意，如果不注重成交环境的话，到手的订单或许会被‘诅咒’，最终订单只能化为泡影。”

3. 达成签单意向阶段最忌讳“原形毕露”

在达成签单意向阶段，销售人员要从长远出发，一定要稳住心神，不能急于求成，否则很可能因为自己一时的疏忽而毁了订单。但凡喜欢钓鱼的人都清楚，要想钓到更多、更大的鱼必须放下更长的鱼线、投入更多的时间和耐心，如果急于求成，最终可能不会钓到很大的鱼。美国著名销售大师唐·舒尔茨认为，在众多行业中，销售行业忌讳销售人员急于求成、“原形毕露”，这是事关销售人员签单成败的关键因素之一。

现实中，有些销售人员无论是在销售经验还是销售技巧方面，都与销售高手之间存在一定的差距。这种差距主要表现在他们急于求成。例如，当他们向客户销售产品时，为了能让客户尽快签单，他们会对客户说个不停，客户很少能够插话，为此客户非常反感，他们抱怨销售人员完全没有考虑到他们的感受，使自己成为被动的听众。他们坦言：“面对这样的销售人员，即使他们销售的产品再好，也不会去购买，因为他们似乎急于把产品销售出去，这样是不会接受的。”

其实，销售人员都希望尽快把产品销售出去，但如果销售人员为了拿到订单而表现得过于急切，客户心里可能会产生疑问：“他这么着急把产品卖给我到底出于什么目的？是不是产品质量有问题他才低价卖给我？如果我买了他的产品以后会不会不利于我……”这些疑问都有可能在客户心里掀起波澜。试想，当客户心里产生出这些疑问后，还有可能和销售人员签单吗？

著名销售大师尼尔·雷克汉姆曾说过：“销售人员在和客户进入到成交阶段之后，一定要特别注意自己的言行，千万不要以为订单唾手可得。需要强调的是，如果在这个过程中急于求成，就会瞬间改变客户对你的印象，客户会产生‘为了推销而实施的目的’这样的不良印象，最终很有可能会取消订单。”

一个阳光明媚的午后，一位满脸愁容的年轻人走进尼尔·雷克汉姆的办公室，问道：“尼尔·雷克汉姆老师，您能帮帮我吗？”

“你遇到什么困难了？请告诉我。”

“为什么我的销售订单量总是垫底？”

“你是如何做的呢？”

“在公司，我和其他同事一样每天都早出晚归地推销产品，您是知道的，公司每个月都有销售计划，为此我便更加努力地向客户推销产品。”

“你在销售过程中是如何做的呢？”

“我极力向客户介绍产品，甚至一整天都在介绍着，可从实际签单看来，效果并不好，您说这是为什么呢？”

“年轻人，你的工作态度是值得称赞的，但你的急于求成才是导致签单失败的原因。”

“那我该如何做呢？”

“千万不要让客户看穿你的真实目的，不要为了达成订单而‘原形毕露’！”

一年过去了，这位当初愁容满面的年轻人再次出现在尼尔·雷克汉姆的办公室，但此时他脸上洋溢着成功的微笑，他对尼尔·雷克汉姆说道：“尼尔·雷克汉姆老师，非常感谢你一年前对我的指导，在您的指导下我明白了在即将成交的阶段，一定要沉得住气，不要为了尽快促成订单而让客户怀疑你积极推销的目的，因为沉不住气的话，客户就会感觉销售人员‘原形毕露’了，这样不仅改变了客户对销售人员的印象，还不利于订单的有效达成。”

那么，销售人员在销售中“原形毕露”会有哪些表现呢？

第一，为了能销售出产品，销售人员不负责任地夸大产品功效。这类销售人员往往都是那些没有职业操守的销售人员，为了能拿到更多佣金，他们在与客户交谈时，刻意夸大产品的功效。客户使用了该产品后，才发现产品的实际功效远远没有销售人员宣传的那么好。此时，他们发现自己上当了。因此，客户便对这样的销售人员变得不信任，也不会再购买这类产品了。

销售高手在销售中则不会急于求成，更不会为了尽快销售出产品而刻意欺骗客户。他们与客户的沟通都是建立在诚实守信的基础上的，即使有业绩考核方面的压力，也不会昧着良心夸大产品的功效，同时他们也会非常严格地执行“不为了销售而销售”的原则。

第二，不停歇地描述产品功能的实用性。这类销售人员最突出的特征就是喋喋不休地向客户描述产品，如果客户不打断他们的谈话，销售人员还会继续说下去。在客户看来，他们根本没考虑到客户的需求和切身感受。在这种情况下，销售人员想要与客户签单谈何容易?

而销售高手在向客户进行产品介绍时，首先会征得客户的同意，在得到客户允许后才会向客户推荐产品。他们在介绍产品的过程中会不时与客户互动和沟通。比如他们会问客户：“刚才介绍的产品您认为如何？”“对该产品您还有什么疑问吗？”如果客户产生了购买需求，就会认真和销售高手沟通。销售高手认为，如果长时间对客户介绍产品而不进行互动沟通，可能会使客户产生不耐烦的情绪，而客户在不耐烦的状态下是不能充分听取有关产品的信息的，自然也谈不上签单了。

第三，承诺给予客户一定幅度的折扣，可是在签单后却没有履行承诺。谈及这种销售人员，客户大多会非常痛恨。其实，这样的销售人员在利益驱使下做出如此有悖于职业操守的事情，只能说他们目光短浅，从长远来看，他们的职业生涯不会太有前途。

由此可以看出，销售需要时间的积累，不能为了促成订单而急于求成，需要长期经营，眼光放长、放远，才可以提高销售人员销售成功的概率。假如销售人员为了促成订单而“原形毕露”后，也就意味着销售的失败，这一点绝对是需要销售人员引以为戒的。

4. 影响成交的“隐形杀手”是什么

掌握销售的主动权对于销售人员来说具有非常重要的意义，它能够有效提高客户的签单率。那么，销售冠军们是如何做到掌握销售的主动权呢？要注意观察销售中的细节，采取积极主动的态度，这样才能够站在销售的主动位置，让客户轻松买单。

一个下着大雨的下午，一家服装门店前走来了一位衣着普通的中年女士，只见她手中拿着一把被风吹坏的雨伞，急切地跑进服装店内，并面带愧色地向前台问道：“大风把我的雨伞吹坏了，我能在您的店里避雨吗？”

“真是对不起，女士，这里是服装销售店，您会弄湿衣架上的高档衣服的。”服装店的前台接待员说道。

此时，这位女士露出非常焦急的神态，恳求道：“等雨小了我就离开这里，您看可以吗？”

站在一旁的销售组长注意到女士焦急的神色，于是走到这名女士身边对她说：“如果您愿意的话，请您在这里放心避雨。”销售组长面带微笑地看着这位女士，这名女士流露出感激的神情，连忙道谢。

于是，销售组长与这位女士开始聊天，并为这位女士倒了一杯热牛奶，还帮她修好了被风吹坏的雨伞。此时，外面的雨也小了很多，这位女士拿着修好的雨伞万分感激地离开了服装销售店。过后，这件事就被销售组长渐渐遗忘了，但是一年之后的一个中午，销售组长看到一位女士手挽一位男士走进了服装销售店里。女士主动与销售组长打起招呼来：“您好，您还记得我吗？”

原来，这位女士就是一年前在店里避雨的那个人。销售组长喜出望外，连忙应声答道：“您好，好久不见，您最近可好？”于是，两人便谈起了这段时期内工作与生活的情况。这名女士对销售组长说道：“一年前在这里得到您热情的帮助，我把这段经历告诉了我的家人，家人对此都非常感激，所以今天我丈夫和我准备在您这里购买一些服装，因为我们相信您。”于是销售组长便根据这位女士的喜好为其推荐了一套服装，这位女士非常高兴，当即买下了服装。

销售组长正是因为注意到女士焦急的神色这个细节，并为这位女士提供了一次微不足道的帮助，之后才有了女士带着丈夫来购买服装的回报，给自己带来了利润。由此，我们可以看出：

第一，绝对不要以貌取人。在日常的销售过程中，有些销售人员的做法非常不妥当，他们往往会以貌取人，当遇到那些衣着光鲜的人士时会一直保持热情，并为他们提供周到的服务，而对于那些其貌不扬的人，他们往往爱答不理，对其极其冷漠。销售大师在日常的销售中从不会以貌取人。在他们看来，每个人都是潜在的客户，衣着光鲜和其貌不扬的人从成功签单上来看并没有差别。如果认为衣着光鲜的人会提高签单的成功率，而忽略了那些其貌不扬的人，这样会使那些人内心深处对销售人员产生更多的不信任，即使想签单，但在销售人员的“冷脸”下他们也放弃了。

第二，让自己的真诚持续温暖客户的心。不可否认的是，现实中每个人都渴望得到别人真诚热情的问候，在日常销售过程中，客户的这种心理需求就更加强烈。有时候，销售人员真诚热情的服务，甚至可以让客户不在乎产品价格的高低，因为他们心理上产生了被尊重的感觉，所以才会产生购买产品的欲望。试想，如果销售人员给予客户的是冷冰冰的脸，即使他销售的产品再好，客户也不会轻易购买。

很多人会有这样的感触：购买产品时，如果销售人员对自己非常热情的话，就能找到被重视的感觉，可一旦购买产品后，这些销售人员的热情度就会明显降低，有些甚至变得不耐烦，之后，人们再也不会购买这位销售人员的产品了。而销售高手的成功，很大一部分原因取决于他们能够将热情真诚的服务进行到底。在他们看来，客户选择自己销售的产品是出于对自己的信任，同时热情周到的服务也深深地感染着他们，这也许是客户签单的重要因素。如果销售人员从签单前的“嘘寒问暖”变成签单后的“不理不睬”，客户是能够真切感觉到的，他们内心也会发生变化。所以，为了不让客户体会到这种强烈的心理落差，就一定要将真诚热情的态度持续到底。

可见，销售人员销售的并不是产品本身，那些影响销售成功的细节也可以看成是销售的一部分。而客户购买产品在某种程度上取决于销售人员在销售过程中表现出的细节，所以，注重销售过程中的细节，是一个金牌销售员应掌握的基本素养，它影响着签单的成功与否，以及是否能让客户主动找到你。

细节是影响成交的“隐形杀手”，因为它悄无声息地存在着，并且随时可能对成交带来致命影响，在这种情况下，销售人员非常有必要注重细节，从而掌握销售的主动权，这样才能顺利达成签单。

5. 练就像狮子一样敏锐的嗅觉：达成签单的“独门暗器”

在销售过程中，很多销售人员往往会这样抱怨：“为什么不能顺利和客户签单呢？”虽然导致客户签单率低的原因多种多样，但有一点却不容忽视，那就是销售人员到底有没有培养起敏锐的销售嗅觉？

众所周知，狮子的嗅觉非常敏锐，它可以轻而易举地察觉到猎物的存在，迅速发起攻击。可以说，狮子敏锐的嗅觉是其立足于自然界必备的技能。而就日常的销售来说，敏锐的销售嗅觉是每一个销售人员需要认真学习和培养的，尤其对于销售高手来说，因为这可以成为影响他们成功签单的关键性因素。敏锐的嗅觉不是在短时间内就可以培养起来的，它需要人们不断地学习与实践。销售人员一旦培训起敏锐的销售嗅觉，就会给销售工作带来事半功倍的效果。

香奈儿公司的创始人加布里埃·香奈儿女士就是这样一个人。香奈儿公司能够做到如今的规模，不仅与加布里埃·香奈儿的勤奋努力分不开，更与她在销售过程中具有的敏锐的销售嗅觉密切相关。

在加布里埃·香奈儿女士早期的销售生涯中，她总是会对周围人和事物表现出非常热情的态度，尤其能够敏锐地察觉到人们的内心活动。一天中午，加布里埃·香奈儿女士像往常一样去销售化妆品，来到一家服装店，她听到两个女营业员在闲聊：“我经常用化妆品，可除斑效果不明显，你有什么好的建议吗？”

“哎，说起除斑的经验，虽然我用过十几种品牌的化妆品，可效果令我失望，我真的没有什么好建议。”另外一个女营业员说。

加布里埃·香奈儿听在耳里，于是走到收银台边问道：“我刚才无意中听到你们的谈话，从两位女士刚才的讨论中，我得知困扰你们的是化妆品的除斑效果，如果你们愿意的话我会给你们一些除斑的建议。”

女营业员很高兴地答应了。

加布里埃·香奈儿说道：“从目前市面上的除斑化妆品来看，有一部分化妆品往往会夸大除斑效果，甚至出现一些假冒的化妆品。如果你们使用了这些化妆品的话，除斑效果肯定不理想。”

“那您的建议呢？”两名营业员急切地问道。

“选择除斑化妆品不要选择那些添加剂超标的，最好是不添加任何对皮肤有害的成分。”

“可是现在市面上很少有这种产品。”

此时加布里埃·香奈儿从包中拿出一个印有“除斑霜”字样的小盒子，对那两个女营业员说道：“你们看，这就是我推荐给你们的纯天然除斑霜，这一盒试用装我免费送给你们。”说完，她把除斑霜和名片交给了两名营业员便转身离开了。

三个月过去了，加布里埃·香奈儿接到了那两名女营业员打来的电话，电话中她们掩饰不住内心的喜悦，并对此前送给她们的除斑霜大加称赞，同时也有意购买该除斑霜。在女营业员的介绍下，越来越多有此需求的女性也开始前来购买。就这样，加布里埃·香奈儿的除斑霜很快销售一空。

其实，加布里埃·香奈儿的成功并不是偶然的，这与她敏锐的销售嗅觉是分不开的。她从自己成功销售的经验总结出了一些培养敏锐嗅觉的销售法则：

第一，要时刻留意观察客户的需求。销售人员留心观察客户的需求非常重要，如果不清楚客户的需求，还谈何销售，更别提签单了。因此，销售人员要提前弄清楚客户对产品有哪些方面的需求，做到心里有数。在对客户介绍产品时，注意客户对产品的需求情况，并认真听取客户对产品的评价及建议等。销售人员发现，客户在购买产品时往往会从自身的实际需求出发，那些对他们没有任何需求意义的产品他们很少去关注。如果销售人员一味地向他们推荐这类产品，可能会招致客户的反感，所以，销售人员应该把留心观察客户的需求作为销售环节中比较重要的一环。

第二，善于从客户的话语入手，进而实施销售。销售人员在与客户的交谈过程中经常会听到客户的抱怨，如：产品效果不佳，其他公司的产品更具有价格优势等。面对客户的抱怨，销售人员若不能认真分析客户话语背后的真正含义，只是反复强调自己的产品如何好、功能如何强大等，只会引起客户更强烈的不满。

正确的做法应该是，销售员认真听取客户对产品的意见和建议，并把这些记录在本子上。如果客户告诉他们另外一家的产品更便宜时，应该耐心询问有关该产品的具体信息，这样便于及时掌握同类公司销售的最新动态，以便及时调整销售策略。同时，从客户的话中可以得到很多有价值的信息，销售人员可以把这些有价值的信息筛选后总结出新的销售经验和销售策略，这样有利于销售工作的展开与推进，同时也是提高成交率的保障。

销售人员培养敏锐的嗅觉对于成功签单来说确实能起到积极的作用。这在销售中可以理解为：了解客户对产品的需求和感受，并能敏锐察觉到客户对产品所持的态度，这样才能在销售中做到无往而不利。

其实从另外一个角度来看，狮子之所以在自然界中成为强者，很大程度上取决于其自身拥有超强的生存技能，而这项技能就是敏锐的嗅觉，同样的道理，对于一个销售人员来说，只有越来越多地获得订单，才能体现其自身的价值，而做到这些的前提是自身要拥有过硬的专业技能，这项专业技能对于他们来说就是敏锐的销售嗅觉。因为敏锐的销售嗅觉决定着签单的成功与否，更影响着销售的全局变化。

6. 达成阶段的“投其所好”为何能“钓”来订单

雷蒙·A. 施莱辛斯基是世界最著名的销售员之一，由于销售业绩突出，曾被列入全美十大杰出推销员。在一次演讲会上，雷蒙·A. 施莱辛斯基用一句话总结了自己销售成功的原因，那就是用投其所好“钓”到客户的订单。为了让人们能够更真实地理解这个销售策略，雷蒙·A. 施莱辛斯基讲述了自己身边的一个案例：

美国洛杉矶市住着一对结婚七年的中年夫妇，他们没有生育孩子，但中年妇女养了几只波斯猫，并将它们视为自己的亲生孩子般疼爱。一天，丈夫下班回家后，妻子就在旁边唠叨起来：“今天家里来了一位销售员，看到可爱的宝贝们在他面前绕来绕去，但是他却没有任何反应，这真是让我生气，所以我根本就没有理睬推销员介绍的产品。”第二天先生下班回来，妻子却在他旁边兴高采烈地说道：“亲爱的，你不是一直想要换一辆新车吗？这个星期你有时间吗？我约好了雷蒙·A. 施莱辛斯基先生到家中洽谈买车的事情。”先生听了妻子的话，不高兴地说：“我以前是说过想要换一辆新车，但是我并没有说什么时候买，你为什么自作主张决定了呢？”妻子看到丈夫有些生气，于是赶紧告诉了丈夫今天发生的事情。

原来，早些时候，雷蒙·A. 施莱辛斯基碰到这位中年妇女抱着波斯猫逛街，而他自己也是一位爱猫的人士，看着这位中年妇女养的猫毛色漂亮、有光泽，并且身上一尘不染，于是就对这位中年妇女大加赞扬。雷蒙·A. 施莱辛斯基的赞美令这位中年妇女非常高兴，犹如遇到知音，顿时对他产生了好感，听说他是一名汽车推销员后，她联想到丈夫早就提出想要换一辆汽车的想法，于是就邀请雷蒙·A. 施莱辛斯基星期天到家中详谈。

其实，丈夫也确实非常想要换一辆新车，但是他却一直拿不定主意。星期天很快就到了，雷蒙·A. 施莱辛斯基如约而至。在交谈的过程中，雷蒙·A. 施莱辛斯基看出了对方内心的真实想法，便投其所好，每一句话都令夫妇感觉非常愉快，于是这位先生当机立断地决定购买一辆新车。

在雷蒙·A. 施莱辛斯基的销售生涯中，这样的经历数不胜数。每一次他都能投其所好，令对方在交谈的过程中感到非常愉快。他非常清楚，只要懂得客户内心的想法，投其所好，就能很快拿到订单。最后，雷蒙·A. 施莱辛斯基说："在销售中，销售人员要学会投其所好，因为这样客户才会很快将销售人员当成好朋友。"现实中像这样的客户并不少见，只要销售人员能够表现出对他们的欣赏，寻找到共同的兴趣和话题，并且能够投其所好，将夸赞的话语说到位，那么客户就一定会对销售人员产生好感，而销售人员自然就能够拿到订单了。例如，当你看到一个小孩子不停地玩闹，仿佛永远都不知道停歇，那么作为一名销售人员，不妨对孩子的母亲说："您家的孩子真是太活泼可爱了。"也许，孩子的母亲并不会附合你的说法，会说："这孩子太淘气了，一点儿也不惹人爱。"这个时候，销售人员绝对不能附和，那些销售精英们通常都会说："一般聪明的孩子都是这样的。"这样的话语能够快速打开销售人员与客户之间的话题。也许客户会将孩子的趣事都说上一遍，在这样热烈的气氛中，就能够融化掉客户内心的冰山，销售员自然就能够顺利地销售出自己的产品。事实上，和客户谈论宠物、孩子、运动等都是在运用投其所好的技巧，这些话题能够迅速缩短推销员和客户之间的距离，对销售能起到极大的推动作用。

现实销售中，雷蒙·A. 施莱辛斯基一直秉持投其所好的销售观念。他在向自己的每一位客户销售产品时，都会强调双方共有的价值观。每次拜访客户前，他总要花费数周的时间对客户进行详细调查，并且细心地了解客户的兴趣爱好以及性格等信息，因此他与客户商谈时，成功率非常高。

投其所好是智慧与沟通的结合，也是一门艺术。想要熟练地运用，就需要不断地寻找不同职位、不同行业和不同经历的销售人员与客户双方的利益共同点；需要充分地调动销售人员的知识、才能以及自身所具备的各种优势，向客户发起难以抵御的心理攻势。

投其所好是一个引导和激发客户购买欲望的过程，而投其所好的表达方式更是多种多样，主要有以下几种方式。

（1）善于发现客户的闪光点，销售人员要善于发现客户美好的一面，以理解的角度去真诚地赞美客户。在欧洲，有一位老妇人拜访一位客户，在他办公室向其销售保险。她首先以真诚的微笑和和善的态度解除了客户内心的戒备，然后拿出客户早年编写的一本著作，开始和客户谈论自己的感受，赞誉客户“从事的工作是世界上任何人都不可能胜任的工作。”老妇人赞美了客户将近五十分钟，直到最后的三分钟，老妇人才巧妙且简洁地将自己所销售的保险介绍了出来，客户也欣然签下了单。

（2）找准客户自身的兴趣点。在与他人交谈的时候，常常会遇到这样的情况，对方并不仔细听自己说话，而是在做其他的事情，或者一直心不在焉地应付着说话者，眼睛却不断地注视着其他地方……面对这样的情况，销售人员一定要迅速结束所谈论的话题，寻找到对方的兴趣点，并且一定要找准他们的兴趣点。

每个人都希望和与自己相处的人有更多共同话题。作为一名销售人员，在话题乏味的时候迅速找出客户感兴趣的事情，并且利用这个兴趣点接近客户，与他们成为朋友，这样才有可能将生意谈成。

销售冠军通常将如何实现与客户兴趣一致，简单概括为三个步骤：首先，需要销售人员找出对方感兴趣的事物；其次，需要销售人员将对方感兴趣的事物进行充分的了解和挖掘，并向客户表示出自己对于客户的爱好同样具有浓厚的兴趣；最后，销售人员要明确发表自己的见解。把握好这三个步骤，熟悉掌握“投其所好”这个技巧，就能够快速与客户搞好关系，并顺利地“钓”到订单。

7. 幽默是促成订单的最大“功臣”

美国销售界流传着这样一个让人捧腹的笑话：纽约某条大街相邻有两家保险公司，且公司间竞争非常激烈，在推销业务的时候，两家公司的销售人员都争相夸耀自己公司服务是多么周到、迅速。其中一家公司的销售人员对客户说：“我们公司在客户发生意外的当天就会将赔付款支票送到投保人的手中。”此时另一家保险公司的销售人员不甘心就这么失去客户，于是站起来取笑道：“那算什么，我们公司位于一栋八十层高楼的第三十六层。有一天，公司的一位投保人不慎从楼顶上掉了下来，在他下坠经过三十六层的时候，我们就已经将准备好的支票塞到了他的手中。”就这样，这家保险公司的销售人员获得了更多的客户。虽然这是一则笑话，但从某种角度可以看出幽默是获得订单的一件秘密武器。

其实，作为一名合格的销售人员，首先需要学会的就是能够将自己推销出去，并很快地接近客户，将客户内心的戒备和抵触打消，只有这样才能获得销售产品的机会。在上述故事中，第二位保险销售员就是一位非常善于销售自己的人，他利用夸张的语言形成了一种幽默，并迅速地给客户留下了深刻的印象，最后成功地成功的赢得了客户的订单。由此可见，在销售过程中幽默是销售的一件有力武器。

在实际销售中，不仅风趣的语言能产生幽默效果，甚至销售人员的形体动作和表情等都能够产生幽默效果。幽默是销售人员成功的金钥匙，它具有很强的感染力和吸引力，可以令销售人员快速打入客户内心，并让客户迅速对销售人员产生好感，诱发客户的购买欲望，从而促成交易。

日本人寿保险业中大名鼎鼎的销售大师原一平，他身高只有一百四十五厘米，曾经为自己矮小的身材苦恼不已。有一次，他的上司在办公室对原一平说："身材魁梧的人，在与客户交谈的时候必然会比较容易获得别人的好感；而身材矮小的人，就不容易获得他人的好感。我和你都属于后者，所以我们必须依靠自己的表情获得胜利。"原一平听到上司的话后，思考良久。后来他想通了——遗传基因是不可能改变的，既然如此，倒不如坦然地接受现实，然后努力将自己的长处发挥出来，让别人看到自己的闪光点。从那之后，他再也没有为自己的身高苦恼过，他常常以自己独特的矮小身材配合私下苦练的各种幽默的表情和语言将客户逗得哈哈大笑，很多客户在与他交谈之后都感觉他特别可爱。

有一次，他在登门销售保险的时候说："您好，我是明治保险公司的销售人员原一平。""哦，明治保险公司的啊。你们公司昨天才来了一位销售人员，我最讨厌保险了，所以昨天我拒绝了他。"客户这样回答道。"是吗？不过，你看我是不是比昨天那位同事英俊潇洒多了？"原一平一脸正经地询问道。"啊？昨天那位身材瘦瘦的人可比你英俊很多。"客户看了原一平一眼说道。"是吗？呵呵，浓缩的都是精华，再说，辣椒越小才越辣呢。"原一平满口幽默地说道。"哈哈，你可真有意思！"客户笑起来，跟原一平握了握手。就这样，双方的隔阂在愉快的交谈之后很快消失了。原一平用他幽默的风格给客户留下了很深刻的印象，友好信任的关系就这样在不知不觉中形成了。当原一平再次拜访客户时，成功地说服了客户，拿到了一张保单。正是因为幽默的话语和表情，让原一平在之后的几年内迅速成为销售冠军，他出色的幽默销售术让自己连续多年创造并保持了全国最佳的销售记录，被人们称为“销售之神”。

可见，幽默能够令双方的间隙迅速缩小，能够令双方在不知不觉中拉近距离，幽默的表情、幽默的话语，甚至幽默的肢体语言，都能够令双方在愉快的交谈中将交易完成。所以，想要成为一名优秀的销售冠军，运用幽默一定会收获意想不到的效果，因为在促成签单的过程中，只有借助幽默才可以紧紧握住手中的筹码。

第九步

后期维系

——细节与全局是对孪生兄弟

在对客户进行陌生拜访并得到客户的初步认可之后，销售人员就需要通过对客户的后期维护来进一步强化客户对自己和产品的信任，落实第一次拜访时和客户达成的意向，最终通过后期的维护完成交易。虽然比起对客户的陌生拜访来说，在后期维护时，销售人员与客户之间的关系可能会进一步融洽，毕竟通过第一次的拜访，客户对销售人员和产品已经有了一定的了解，但这并不意味着销售人员接下来的维护会一帆风顺。事实上，在某些情况下，对客户的后期维护并不会比陌生拜访时面临的困难小。因为在销售人员对客户进行第一次陌生拜访时，客户只是抱着了解产品信息的心态和销售人员交流，并不涉及实质利益。而随着销售人员对客户后期维护的开展，双方将朝着最终达成交易的方向发展，在涉及实际利益的情况下，客户可能会不断强化对销售人员各方面的要求，这也是客户对交易的利益损害风险所产生的犹豫心理的一种转嫁。因此，销售人员在对客户进行后期维护时要特别注意，要认识到客户此时会对销售人员各方面表现出更加苛刻的态度。在这种情况下，销售人员在一些细节方面出现失误时，很有可能会影响到全局，并让自己前期的努力所打下的基础毁于一旦。所以，销售人员在对客户进行后期的跟踪维护中，要严格要求自己，在客户面前展现更加完美的一面，不要在细节方面出现失误。只有这样，才能不断加深客户对销售人员的好感，最终帮助销售人员成功拿下订单。

1. 一个小手势竟然毁掉了一笔大订单，原因何在

销售人员在对客户进行陌生拜访并达成初步意向之后，就需要适时做好铺垫，以便后期对客户进行跟踪维护。在对客户进行后期的维护过程中，销售人员要特别注意在客户面前的某些细节表现，不要以为前期已经和客户加深了了解就觉得无所谓了，事实上此时反而应当反思一下：客户为什么不在你第一次的拜访中就和你达成交易呢？其实原因很简单，客户对销售人员或产品还有顾虑，认为马上购买产品可能会给自己带来风险，让他们遭受利益损失。客户之所以约销售人员后期进一步沟通，是因为他们虽对产品感兴趣，但对产品和销售人员本人还没有完全了解，或是一些细小的问题还有待解决。也就是说，客户还没有足够的理由来说服自己，因此，销售人员在对客户的后期维护中一定要特别注意细节的表现，只有不断给客户心理上以鼓励，才会促使客户最终决定购买产品。

细节决定成败，当客户在关乎切身利益面前，销售人员的任何差错都可能会被当成客户中止交易的理由。因为客户在双方的关系中表面上处于优势地位，实际上是一种弱势地位，造成客户这种弱势地位最主要的原因就是双方在产品信息上的不对称。客户会因为对产品信息不够了解而感到不安，或者即使他们对产品已经有相当程度的了解了，但还是觉得不够，只要客户认为他们掌握的信息还没有达到足够充分的程度，他们就会感觉到不安。他们和销售人员进一步的交流，就是希望从销售人员身上发现一些对自己有利或者

不利的蛛丝马迹，这些蛛丝马迹有可能成为客户心中影响价值天平的重要砝码。

在对客户的后期维护中，销售人员的商务礼仪依然是重要的“蛛丝马迹”，因为客户在对产品有一定了解的情况下如果还无法做出决定，他就需要从其他方面获得相关信息来帮自己下决心。在很多人眼里，一个人的行为举止体现着这个人的精神品质和个人修养，而一个人的修养会对这个人的职业道德产生重大影响。当客户将销售人员的言行举止作为他判断销售人员的个人修养、道德品质的参考依据时，销售人员的任何细微举动都会对销售全局造成重大影响。当客户因为销售人员不恰当的行为认为他不礼貌或者不够专业时，客户就会觉得他职业素养不够，进而怀疑这个销售人员的个人品质，最后客户认为他可能会在产品的信息传达中向他撒谎，因为对一个没有良好道德品质的人来说，什么事情都有可能做得出来，还可能会为了利益毫无原则，为了达成交易可能会不择手段，那么这种销售人员在向客户进行产品介绍时，很有可能会传递错误的信息来误导客户。在这种心理作用下，客户会把前面对产品或者销售人员本人形成的认识全部推翻，他们甚至会为“认清销售人员的本质”而庆幸，这会成为他们不购买产品的坚定理由。

因此，销售人员在对客户进行后期维护时，要尽量做到前后一致。要把工作做好做细，要让客户感觉你是一个言行一致的人，你在客户面前表现出的礼貌是你平素一贯的作风，是你个人良好修养所形成的常态表现，而不是为了故意讨好客户而做出的虚假行为。总之，客户需要从你的表现中得到鼓励。这种鼓励应该是持续性的，在客户最终购买产品之前，如果他们没有接受持续性的鼓励，就可能让他们的购买热情消退。这种鼓励可以是能让客户感觉到有利可图的任何方面。销售人员的行为举动也许不会对客户的利益有直接影响，却会让客户从侧面将销售人员这种不让他们满意的行为和产品的价值联系起来。这种联系并不客观，但从客户一方来看，却十分正常，作为信息弱势的一方，客户从任何角度来考虑购买产品的风险都是他们的权利。客户虽然在产品相关信息的了解上处于劣势，但他们拥有是否交易的主动权。

在实际生活中，很多客户买东西就是买一个顺心。事实上，同类产品的性能和价格相差并不大，客户在评判一件产品是否在市场中拥有相对优势时，大部分依据都是主观上的，哪种产品能符合他们的主观需求，哪种产品就能赢得顾客的心，成为客户心中的优势产品。而顾客这种心理是通过综合考量形成的。在面临产品的最终交易时，客户会在交易风险的压力下变得十分敏感，也会对销售方变得十分苛刻。因此，销售人员在对客户进行后期的维护中一定要注重细节，事先做好充分的准备，要让客户感觉你对整个销售的用心，以及对客户的尊重。只有这样，客户才会觉得买了你的产品以后会得到很好的后期服务。如果销售人员在后期的客户维护中，因为前期和客户建立了良好的关系，谈话时有了比较融洽的气氛就放松自己，就很容易在客户面前出错，这些错误一方面会影响客户对你的看法，另一方面也会使销售人员的销售效果和产品本身性价比在客户心理大打折扣，有时甚至会直接决定产品是否能够销售成功，即使最终通过其他方面的努力能够弥补并完成交易，客户也会因此抓住机会提出要求。就如购买天平概念讲的那样，客户必须从心理上实现付出和所得的平衡，他们才会购买产品。这时候，销售人员必须用利益让客户寻得心理平衡，才能消除由于销售人员的错误表现带给客户心理上的购买危机感，从而使公司不会因为销售人员的一点小问题而蒙受不必要的损失。

因此，销售人员在对客户进行跟踪维护的时候，要更加注重在客户面前的细节表现。因为越到关键的交易时期，客户心里的风险意识会越强，一部分客户需要鼓励，因为只有各方面的有利因素都在鼓励客户成功战胜了自己的消极情绪，客户才会购买产品；另一部分，客户也在时刻关注销售方的不利因素，以能够为拒绝购买或者获取更大的利益找借口。所以，双方越是临近交易，客户就越敏感，一些小问题都会成为导火索，成为压断交易的最后一根稻草。所以说，在后期的维护中，销售人员哪怕是一个错误的小手势，都有可能毁掉一笔大订单，这绝不是空穴来风。

2. 销售冠军为何将细节看得如此重要

“中国功夫”在很多外国人眼中是中国的一张名片。在中国的武学里，有这样一个哲理 ：“高手过招，往往只是厘毫之差。”而销售领域也是一样，在商品市场日新月异的当今社会，几乎任何一种商品都会遭遇多种同类商品的竞争。客户为了充分保证自己的选择权，以实现自身利益的最大化，往往会考虑多家产品。在这种情况下，要想从众多的竞争对手中脱颖而出，就需要销售人员把细节做好。要想赢得客户的好感，就需要销售人员在细节方面打动客户。

正因为如此，做好细节被销售精英们看作是在销售领域中出奇制胜的法宝。因为在商品经济发展如此迅猛的情况下，所有商品都处在激烈的竞争中，在遵循市场规律的前提下，已经没有哪一种商品能在同类产品中取得绝对性的优势了。而一个真正的销售精英则懂得如何利用细节在客户面前为自己的印象加分。事实上，在销售精英之间的竞争中，并不是看谁做得多，而是看谁犯的错误少。做得再多，一个失误也可能带来致命的影响。

欧洲有一首著名的民谣 ：“丢失一枚铁钉，掉了一只马掌 ；掉了一只马掌，损失一匹战马 ；损失一匹战马，败了一场战役 ；败了一场战役，断送一个国家。”也许人们会觉得这个民谣太过夸大其词了，然而它描述的却是一个真实的民间故事。这个故事发生在英国理查三世时期。当时的理查三世准备与里奇蒙德决一死战，这时理查让一个马夫去给自己的战马钉马掌，铁匠钉到第四个马掌时，差一枚钉子，铁匠便偷偷敷衍了事。不久，理查三世带兵和对方交战，大战中忽然一只马掌掉了，国王被掀翻在地，最终战败失去王位。百分之一的错误导致了百分之百的失败，一钉损一马，一马失社稷，一个王朝的覆灭是何其的悲壮，它最初的起因竟然是一枚铁钉！

事实上，很多惨重的失败都是由于各种细小的因素积累至足够的量变最终形成质变造成的。中国就有句古话“千里之堤毁于蚁穴。”一个小小的蚁穴竟然能够导致大堤的溃塌，真是令人难以想象！《细节决定成败》的作者汪中求先生就在书中提到：“中国绝不缺少雄韬伟略的战略家，缺少的是精益求精的执行者；绝不缺少各类规章制度、管理制度，缺少的是对规章制度不折不扣的执行。”是我们没有宏大美好的理想，还是缺少一种积极向上的精神？都不是，我们只是缺乏从细节着手的工作作风。如果人们每做一件事都把握好每一个环节，把每一个细节经营完美，那么，终端结果的完美必将水到渠成。

“细节决定成败”其实是一个简单的道理，只是人们在实践中往往太容易忽略一个又一个看来微不足道，实际上却影响全局的细节，才使得本来可以预期的成功由于过程管理在细节上存在诸多疏漏而归于失败，这样的教训人们应该时刻牢记。一艘远洋游船在大海上失事了，事后人们在阅读航海日志时发现，导致游船失事的原因竟然是船员们（包括船长）都忽略了一个似乎无足轻重、但却造成致命后果的“小小”纰漏。“一招不慎，满盘皆输”就是前人对不遵循“细节决定成败”这一规律而导致失败的生动总结。

李明是一个中央空调的销售人员，最近他在向一个集团推销中央空调。经过努力，李明终于找到了集团公司负责采购的常务副总裁。在对副总裁进行初次拜访时，副总告诉他已经有几个销售人员拜访过他了，不过在李明的请求下，副总还是耐心听他介绍了产品的性能和后续服务。之后，副总又在公司举行了一个公开的招标会，多家公司都参与了竞标。通过对每份标书的对比，李明认为自己的产品确实不占优势，所有产品基本处于同一起跑线。在招标会开完之后，李明又去拜访了一次副总，在和副总的交谈中，李明发现他的办公桌上摆着一张全家福，照片上一个小伙子挺高大的，十五六岁的年纪，手里还捧着一个篮球。李明问副总："这是您儿子吧？"副总点了点头，露出一副很得意的样子。李明心中一喜，并没有再多问下去，不过他心里已经有一个完美的"攻关计划"了。在第三次拜访副总的时候，李明给副总带来了一份礼物——科比签名的球衣和球鞋。原来，李明是科比的球迷，这一套"装备"是他参加活动得到的，平时也不舍得穿，只留作纪念，这次算是派上用场了。这份礼物给了副总一个惊喜，因为李明没猜错，副总的儿子酷爱打篮球，希望以后能成为一名专业的篮球运动员。作为篮球界的超级巨星，科比自然是这些人的崇拜对象。副总看到这份礼物后很高兴，立即给儿子打电话，告诉了儿子这个消息。在以后的拜访中，副总对李明的态度好了很多，在和竞争对手条件相差无几的情况下，李明凭借这份礼物成功地拿下了这个大单。

销售精英和普通销售人员之间的差距往往是很小的。在销售过程中，销售精英能做到的，一般的销售人员也能做到。但销售精英往往能在一些别人认为无关紧要的地方着手，这些工作让客户能更加容易地从众多的销售人员中记住对方，并最终因为这些小细节而与这个销售人员签单。就像在职业棒球队中的击球手一样，一个击球手的平均命中率是 25%，这让他们在每 4 个击球机会中能打中 1 次。凭这样的成绩，可以进入一支不错的球队做个二线队员。而任何一个平均命中率超过 30% 的队员，就能跻身球星的行列了。每个赛季结束的时候，只有十几个平均成绩能达到 30%。除了享受到棒球界的最高礼遇外，他们还会得到几百万美元的工资，大公司还会用重金聘请他们做广告。但是，球星同二线球手之间的差别其实只有 1/20。即每 20 个击球机会，二线队员击中 5 次，而明星队员击中 6 次，也就是说，球星与二线球手之间只有一球之差！

销售就像一场激烈的竞赛，每个销售人员都要通过各种方式从激烈的竞争中脱颖而出，成为客户眼中“最闪耀的明星”，而让他赢得竞争的可能只是注重细节给他带来的微弱优势。由此可以看出，一般的销售人员总是做一些条条框框的工作，最后在客户面前失去记忆点，而销售精英则常常通过做好细节工作让自己在激烈的竞争中“险胜”！

销售精英能在销售领域做出成绩，是因为他们认识到细节对销售的重要性。销售精英做好细节工作不仅是因为他们有这种天赋，更多的是来源于他们不断地训练形成的能力和前期充分准备打好的基础。作为一个销售精英，他们一般会在拜访客户时做好充分的准备，并为下一次拜访客户埋下伏笔。这样，就会让自己的拜访看起来不突兀，尽可能避免客户产生反感。另外，除了在拜访客户之前做好充分的准备，以避免出现细节纰漏，在和客户进行交流时，销售精英也懂得观察客户，在客户身上找到常人不太注意的细节，并把这些细节变成自己的“着力点”，让客户从销售人员的工作细节中感受到其敬业精神和对客户的尊重，并因此脱颖而出。

3. 不断给客户带来超值服务才能牢牢拴住其心

销售人员在产品的销售过程中对客户的拜访实际上是对客户进行服务的过程。这种广泛意义上的服务，不仅仅是针对产品的，比如对产品相关信息的介绍、产品操作使用的指导、后期的产品维修等，同时也是针对销售人员的。事实上，销售人员得体的商务礼仪、对客户进行适时的赞美等，都可以看作是销售人员对客户的一种服务。也许每个销售人员或多或少都会做一点这种服务，而能不能做好，能不能让客户感觉他购买产品享受到的是超值的服务，就需要销售人员各显神通，而这也就是普通销售人员和销售精英之间的区别。就像销售领域经常提到的一句话：“硬件不够，软件来凑。”在当今的经济市场中，每一种商品的市场竞争力都相差无几，而且各有优势。任何一种商品都无法通过本身竞争力对市场的其他竞争对手形成压倒性优势，这就需要销售人员通过在销售过程中的服务来提高产品的整体竞争优势，帮助产品赢得客户。如果销售人员能在后期的拜访过程中很好地展示自己的服务，那么就会给客户留下一个好的印象，认为公司的售后服务也应该会很好。销售人员在实施对客户拜访的过程中其实就是在展示公司的服务，因为很多产品都需要做好前期的服务，比如教客户怎样使用产品、怎样办手续等等，甚至一些与业务不相关的服务，也可以是销售人员展示超值服务的手段。很多时候，超值服务会给产品增加附加值。

对于销售人员来说，不断给客户带来超值服务可以在售前赢得客户的认可，为产品的成功销售打下基础。在产品即将交易时，销售人员也可以通过提供超值服务为客户解决困难，使交易能够顺利完成。在产品卖出后，超值的售后服务可以让客户有物超所值的感受，并逐步成为产品的忠实客户，让销售人员积累起固定的客户群体。同时，产品也能在客户中形成良好的口碑，产品的市场影响力也会大大增加。

超值服务指的是产品的服务能够超越客户对产品的心理预期，一个好的企业或者好的销售人员对客户的超值服务可以贯穿售前、售中、售后的全过程。销售人员在对客户销售产品前，应该充分了解客户的信息，在拜访客户时，要多问客户问题，这样才能针对客户的实际情况为客户提供合适的咨询信息和相关产品。看问题时，销售人员要尽量站在客户的角度去考虑，除了满足客户的需要之外，还可以和客户联络感情，让客户觉得和你交流不只是简单的买卖，而是朋友之间的交流。销售人员可以在适当的时候对客户开展情感攻势，稳定的感情基础比一些小的金钱利益要有用得多。比如，销售人员和客户建立一定的交情了，那么他出售的产品即使比起对手来仍然存在一定的劣势，客户也有可能会选择他的产品。除了感情因素之外，客户往往会对一些未知的东西有风险感，如果销售人员能和客户建立起良好的关系，赢得客户的信任，那么客户也不愿意因为一点小的利益去冒太多的未知风险。在客户看来，虽然你的产品有劣势，但他相信你已经把真实信息传递给他了，如果后期有什么问题还可以请你帮忙。而对那些不了解的销售人员，客户就会认为还有很多信息是他不了解的，甚至有可能认为销售人员向他传递的信息是错误的。在这种心理下，客户可能会选择与他有感情联络的销售人员所销售的产品，因为客户觉得买他的产品的风险是可控的。

马凯是本地一家中小企业的销售人员，他通过上门推销成功将一台能够产生富氧水的饮水机卖给了一对退休的教授夫妇。这种饮水机的价格比较贵，每台 9800 元。为了打消客户的顾虑，公司的销售手段是分期付款，先交 3800 元让客户使用体验，一个月后再根据使用效果决定是否继续使用。如果觉得满意，在之后的两个月，每个月交 3000 元；如果觉得不满意可以退回饮水机，公司归还 3000 元。当然，后者对公司是比较不利的，但一些公司——尤其是中小公司——在市场开拓初期，必须要用优惠的条件来赢得客户信任，这就对业务员的后期跟进和维护提出了严格的要求。马凯了解到，这对教授夫妇有一个儿子已经结婚，但是在外地工作，儿媳娘家在儿子工作的城市。为了工作，儿子在那里安了家。所以，家里就只剩下教授夫妇。马凯根据这个情况，在后期的服务中除了介绍饮水机的功用之外，还帮忙做了一些力所能及的家务，教授生日时马凯送了一个蛋糕，平时也不忘对教授夫妇嘘寒问暖。这种行为虽然有推销的成分，但这种“超概念超范畴”的服务很容易获得顾客的信任。教授夫妇在使用 1 个月之后决定继续使用，并在之后的两个月付清了剩余的 6000 元货款。而马凯也并没有因为产品销售成功而停止与教授夫妇的情感沟通，产品的售后服务也做得很到位。后来，教授夫妇又给儿子家买了一个这种饮水机，平时家里来客人了也向他们推荐这个饮水机。实际上，教授主动且尽力为马凯宣传，是因为他从马凯的服务中得到一种心理暗示，觉得马凯对自己好，那么他卖给自己的产品也应该会对自己的健康有好处，这点从教授夫妇给儿子家也买了一个就能看出了，因为父母对儿女的爱是真挚的，他们希望买最好的东西给孩子，同时也把购买产品当成是对马凯关心的一种回报。

其实，马凯销售的产品也有劣势，但他在售前、售中、售后期间和客户建立起了良好的情感纽带，最终赢得了客户的信任。而这种情感投资也可以算得上是一种超值服务。人是一种感情动物，作为通常意义下的利益对立方，销售人员通过这种方式和客户建立起友谊是很不容易的。在上述案例中，虽然马凯推销的富氧水饮水机非常昂贵，但是通过马凯在情感上投资，让这对客户认为花这些钱是值得的，因为他们觉得享受到了超值服务，而这种服务是金钱买不来的。这种关系将是非常牢固的，甚至可以说，在以后的二次开发中，只要是这个销售人员，不管他推销的是什么产品，只要客户有需求，他们还是会优先考虑这个销售员推销的产品。可想而知，超值服务对树立产品和销售人员形象，增强客户的认可的作用是无可比拟的。不管是使用哪种方式，只要客户觉得他们在销售过程中得到了超值回报，他们就会成为产品坚定的用户。

4. 记住：客户最看重的往往是后续的服务

销售人员在产品成功销售之后，就需要面临对客户的售后服务的问题了。在客户看来，售后服务往往是和他们的切实利益联系最为密切的。同时，售后服务也最能反映销售人员及其公司的市场信誉。因为绝大多数的售后服务都是在客户已经办完付款手续的情况下进行的，这时，客户开始在买卖双方中处于弱势地位，能不能获得良好的后续服务，基本上要依靠企业和销售人员的信誉而定。在当今市场经济已经比较成熟的情况下，产品的市场竞争力都相差不大，但后续的服务却会存在巨大的差异，人们经常会看到一些公司在销售完产品之后就不再服务客户了，导致客户在需要售后服务时得不到帮助。一般情况下，客户对产品各方面的了解都不会很专业，很有可能会在后期因使用不当或者产品出现问题时得不到维修而蒙受重大的损失。由此也可以看出，后续服务对客户的重要性。

企业的市场竞争归根结底还是客户的竞争，也就是说，拥有了客户也就拥有了一切。一个忠实而稳定的客户群体将是销售人员安身立命的根本。企业售后服务体系的出现也是市场竞争激烈的结果，在产品的价值竞争难以取得明显优势的情况下，售后服务就会成为企业争夺市场的重要手段。在产品的制造技术相差无几的情况下，大多数企业开始将产品竞争拓展至售后服务的竞争。在市场经济相当成熟的今天，售后服务已经成为企业销售战略的重要一环，售后服务包括与产品销售配套的相关服务，比如，产品的包装、运送、安装、排除技术故障、提供技术支持等等。可以说，在当今社会，一个不能对客户的售后服务进行保障的销售人员不可能赢得客户的信赖。因此，在产品销售成功之后，销售人员要积极和客户保持沟通，对客户在产品使用的过程中遇到的问题积极解决。对于有专门客服和售后维护人员的企业来说，销售人员也要关注客户的产品使用状况，在客户遇到问题时，及时将问题反馈给售后人员，这比起客户自己去联系售后效果要好得多。

售后服务是企业和销售人员体现差异化的重要表现手段。在当今的市场竞争中，售后服务已经成为各个企业最重要的竞争要素。为了赢得市场竞争，一些企业纷纷打造自己的售后服务品牌，将售后服务做到最广、最细已成为各个企业追求的目标。作为销售人员，售后服务就是对客户陌生拜访时的各种服务的延续，各种承诺的兑现。如果销售人员将产品成功卖给客户之后就不管客户了，或者直接由其他相关部门来做对接工作，那么客户哪怕对售后服务再满意，他们也会将这种认同感建立在产品或者公司上，很难和销售人员个人产生强烈的联系，形成一种“看产品、看公司、不看人”的局面。在这种局面下，客户以后若有同样的需求，销售人员不一定能够成功进行二次销售，因为在客户对企业和产品认可的情况下，只要是这家企业或者这种产品的销售人员他们都可能会接受。只要你的同事或者竞争对手先你一步，就有可能从你手中将这个客户抢走，这也是为什么很多销售人员常常被抢单的缘故。试想，一个销售人员连自己成功开发过的客户都抓不牢，他怎么能建立稳定的客户群呢，他又怎样积累起客户资源呢，这样的销售人员显然成不了销售精英。

所以，把售后服务做好并不仅仅是维护公司和产品的市场信誉，而是在为自己积累市场人脉，建立稳定的客户群体。当客户在售后向你联系服务时，不要觉得客户是在找你麻烦。这实际上是一个十分积极的信号，客户会找你是因为他信任你，他希望通过你能使问题得到更好的解决。销售人员切记不要简单地告诉他们：“我们有专门的售后，您直接联系他们吧！”这无疑会让客户的情感受挫，甚至可能会因此成为你的“一次性”客户。很多销售人员可能会觉得自己的做法是有道理的，因为有专职的售后服务人员，他们更专业，处理问题也更快、更好。但是，有时候客户找你就是一种心灵的寄托，因为客户对产品本身的了解并不全面，在产品出了问题时客户心理是很无助的。这时候，你对他的热情帮助会给他很大的鼓励，让他认为至少从你手上购买产品是对的。有些客户甚至还会认为他们是从你手中买走产品的，你理应对产品的售后负责。如果这时你不能帮助客户解决好问题，那么你可能会让客户失望并从此失去这个客户。事实上，当客户在需要帮助的时候找到你，如果你能积极行动帮助到客户的话，这个客户对你的信任程度会进一步加强。这样一来，他在有需要的时候，自然会第一时间联系你。

作为销售人员，要学会站在客户的角度去充分体谅客户，同时也要充分利用售后服务来作为自己的销售手段。正因为售后服务是客户关注的焦点，销售人员不应该仅仅在拜访客户时不厌其烦地宣传产品的性能有多好，价格有多便宜，更应该热情地向客户宣传产品的售后服务，并在产品出现问题时，及时提供售后服务。在很多客户看来，有好的售后服务比有好的产品更有意义，甚至有的客户会在潜意识里认为，越是好的产品，它的售后服务会越好，他们对产品的质量充满自信，认为售后服务并不会给公司带来太大的压力，因为好的产品出现的问题不多，公司做起售后服务来也不会有压力，企业之所以设有售后服务机构，是为了维护市场信誉，赢得客户信任；如果产品的质量不好的话，企业将面临严重的售后压力，巨大的人力财力成本显然是企业难以承担的，因此产品质量较差的企业售后服务一般也较差。充分认识到这一点后，销售人员就会了解售后服务的重要性了。因为只有做好售后服务，才能更好地赢得客户的信任。在成功出售产品之后，销售人员如果能积极帮助客户解决产品的售后问题，将在客户心中树立良好的形象，与客户建立更加稳定的关系。所以说，售后服务既是客户关注的主要环节，也是消除客户疑虑的重要销售手段。销售人员可以在售前对客户的拜访中大力宣传售后服务以吸引客户，保证产品销售的成功，还可以在产品成功销售之后，用良好的售后服务树立企业和个人信誉，赢得客户的信任，进一步强化和客户之间的关系，赢得客户的二次购买或从客户那里获得更多人脉关系。总之，一个懂得充分利用售后服务作销售工具的销售人员才能成为真正的销售精英，他在销售这条道路上才能走得更远。

另外，很多产品的售后服务事实上也是一个产品增值的过程。因此，售后服务是否做得好直接关系到销售人员的业绩。在这种情况下，销售人员更应该亲自把关，让客户记住自己并对自己产生好的印象，这样他们才会持续使用你的产品，并成为你的常客。售后服务并不仅仅是针对产品方面，其他方面的交流也可以看作是售后服务。比如说在后期和客户之间的情感交流，在客户生日的时候送上一句祝福，如果是重要的客户，也可以送上一份礼物等等。对于销售人员来说，这只是举手之劳，但这种感情投资将帮助销售人员巩固和加强与客户之间的关系。

5. 做好细节是一门永不结业的必修课

对于销售人员来说，做好细节工作是一门永不结业的必修课。因为这份工作永远不会做到最好，只能通过不断努力做到更好。做好细节工作是每一个销售人员追求的目标，很多时候，销售人员能不能从客户那里拿到更多的订单也是由工作粗细的程度决定的，而注重细节工作并不是销售精英与生俱来的天赋，他们也是通过在工作中不断总结、不断训练得来的。确切地说，一个销售人员能否成为销售精英，关键是看他的细节工作。只有做好了细节工作，销售人员才能成为一个真正的销售精英。世界上任何成败都是由各方面的细微因素决定的，一个细节没有做好就很可能影响整个全局。因此，销售人员在开展销售工作的时候，要想成功拿下客户，从客户那里获得订单，就必须把每一个工作细节做到位。只要你把这些细节工作做好了，成功也就是水到渠成的事了。倘若销售人员不注重细节，一味地好高骛远，总想着直奔主题，尽快从客户那里获取订单，想在销售领域取得一定的成就将是一场虚幻。因为任何事情要想实现质变，就必须要有充足的量变的积累。注重细节、做好细节的这种工作心态和工作方式，既是一种技巧，也是一种能力。销售人员的这种技巧和能力是通过长期的培养形成的，这种能力的培养是销售人员走向成熟走向成功的先决条件。因此，销售人员在销售过程中要端正态度，要明白销售人员都是从平凡迈向卓越的，在这个过程中，把基础和细节做好是成功的第一步。

随着市场经济的日益成熟，商品的种类和数量不断增多，商品的信息也越来越透明，买方市场作为优势方已经是不争的事实。在市场经济下，买方已经拥有了充分的选择权利。他们有权了解更多的产品信息，他们有越来越享受细致服务的需求。这也是销售人员做好细节工作的出发点。也就是说，在市场竞争如此激烈的当今社会，如果你不能用细节击败对手，你就无法赢得客户的信任，自然也就无法从客户那里获得订单。如今，客户的购买心态越来越理性，对产品也越来越挑剔。一旦客户认为产品不够好，或者销售人员有让他们不满意的地方，就可能会对产品持观望态度。事实上，产品不会说话，产品的各种信息都需要通过销售人员向客户进行传递，这时候，做好细节工作就成为产品成功销售的关键。因为销售人员向客户介绍得越详细，在和客户的接触过程中细节表现得越好，就越容易让客户对产品和销售人员产生认同感。在这种情况下，销售成功的机会也就越大。

另外，繁荣的市场经济已经让客户不再仅仅满足于单纯的购买产品、使用产品那么简单，客户更希望在购买产品的过程中感受到产品的品牌效应带来的精神满足感，优秀的市场品牌能够在满足客户产品的使用需求的同时，也满足追求更高生活质量的精神需要。为什么那些富翁大款争相购买价值不菲的名牌产品？那是因为名牌产品不但能满足他们使用的需要，还能实现那些普通产品实现不了的效果，即满足人们的虚荣心和攀比心，成就他们的优越感。而一件产品的品牌优势并不仅仅是由考究的做工和昂贵的材料堆砌起来的，还涉及客户在购买和使用产品的过程中享受到的服务。在这个问题上，销售人员有很多的工作可以做，比如说，在拜访客户前对客户信息的收集整理、对各种销售工具的准备、对各种商务礼仪的训练等等。在拜访客户时，销售人员需要将产品的各种信息尤其是有利信息详细地介绍给客户，能熟练回答客户提出的相关问题，甚至还能有针对性地对客户进行赞美，让客户感到心情愉悦，并在产品销售过后对客户使用中出现的问题亲自解决或者帮助协调解决。这些工作都需要销售人员做好、做细，每一个细小的工作都会或明或暗地对客户的购买决策产生影响。

在激烈的市场竞争中，销售人员需要在销售过程中以做好细节来作为克敌制胜的利器。

销售人员要想在激烈的市场竞争中安身立命，并为自己赢得一席之地，必须要有“一技之长”，当销售人员在整个销售工作中处处为消费者着想，使其在消费中倍感温馨、快捷、便利，获得精神上的愉悦和物质上的享受，消费者自然对产品和销售人员“情有独钟”。

销售人员在对客户展开促销时，每一个环节和每一个细节都不应该是程式化的，因为每一个客户都是独立特殊的个体，他们希望从销售人员那里得到独一无二的服务。这就需要销售人员做好细节工作，既要在前期收集资料时做好预案，又要在和客户交流的时候懂得留意客户的细节表现，充分考虑消费者需求，尽量做到量身定做，使产品销售工作事半功倍。任何产品的销售过程都是一个复杂的系统工程，其中的每个细节都关系到销售的成败。在同行业竞争越来越激烈的情况下，越来越多的销售人员也加强了对细节工作的重视。销售过程在细节上展开销售，既促进了销售人员销售目标的实现，也使消费者的心理得到了满足，在购买商品时得到了更多的实惠，从而把传统的购买商品满足基本需要的过程演变为享受消费的过程。这既是客户的需求，也是销售人员成功销售的关键。

在对客户推销产品的过程中，销售人员要在各个需要服务的细节上追求尽善尽美，使消费者在保持愉悦心情的同时完成对商品的购买。服务的竞争，是更高层次的竞争，在服务中讲究完美细节，就能使销售人员在销售领域处于不败之地。如：售前为消费者传递企业和商品信息，免费提供必要的培训等；售中微笑服务，免费包装等；售后严格履行承诺，及时排忧解难等都是不错的方法。

在拜访客户的过程中，销售人员也要在商务礼仪的细节上尽量考虑周全。商务礼仪不仅是销售人员个人修养和职业素养的体现，也能让客户从中看到销售人员背后的企业文化。很多客户都会认为，一个好的企业必然有好的企业文化，而企业文化最直观的体现就是销售人员的言行举止。当销售人员通过商务礼仪在细节处的表现让客户看到企业的优秀文化，就会让这种文化成为一种强有力的销售工具。销售人员在开展销售工作之前，应该在寻找目标客户上做好细节工作。在寻找目标客户时，销售人员应当充分考虑消费者心理、生理和具体需求的特点，在商品的销售及消费过程中为客户提供性价比最高的商品，创造最佳的消费氛围和环境。消费者的需求，是企业赖以生存的根基，如何挖掘、拓展和满足消费者的需求并使其得以延续，是企业销售面临的重大课题。而细节销售，则是解决此问题的关键所在。只有通过大量、深入、细致的销售工作，才能找准企业的目标顾客，继而摸准他们需求的脉门，有的放矢地开展销售工作，最后使需求得以真正满足。在销售领域有这样一句名言："客户需求是最好的销售条件。"如果销售人员能够在目标客户的选定上做到精耕细作，那么就为销售工作提供了肥沃的土壤。这些既是销售人员获得成功的必备条件，也是销售人员工作当中应该注意的细节。

随着市场经济的不断深入发展，对客户资源的争夺让销售领域的竞争日益激烈。销售精英们在销售手段和理念上的不断发展，使得用细节来赢得客户已经成为一种趋势和潮流，也是销售精英们短兵相接的最后战场。在销售上，其他销售人员想不到的细节，我们想到了；其他销售人员没做到的细节，我们做到了；其他销售人员没做好的细节工作，我们做好了。做好了细微之处，也就把满意送到了消费者心坎上。"一滴水能反映太阳的光辉"，一个细节也足以让客户感受到你的诚意。"勿以善小而不为"，一个销售人员如果能持之以恒地把细节工作做到极致，无疑能使销售人员的良好形象深入人心，客户也会对销售人员产生强烈的认可，这样一来，从客户那里获得大单也是顺理成章的事。

6. 售后跟踪——充分挖掘客户需求的法宝

对销售人员来说，能对客户做到二次开发甚至多次开发，客户群才能实现稳步增长，售后跟踪是指销售人员在向客户卖出产品之后，与客户继续保持沟通和来往，以便为整个销售工作的圆满完成提供保障。因为从整个买卖双方来看，在交易完成后，销售人员基本上实现了这次交易的获利。而作为客户来说并不是如此，在很多时候，客户和销售人员完成交易之后，他们的获利才刚刚开始，他们需要销售方提供良好的售后服务才能保证从产品中充分获得利益。另外，在一些销售中，客户购买产品之后不一定能马上支付货款，或者这些货款的支付需要有良好的售后服务作为前提，这些都要求销售人员在销售产品之后必须对客户实行售后跟踪，一方面是为了保证销售利益的实现；另一方面也是为了保障客户利益，并通过售后跟踪与客户建立良好的关系，充分发掘客户需求，对客户做到二次甚至多次开发。所以说，销售人员应该将客户的售后跟踪当成是一种重要的销售工作。

售后跟踪是现代销售工作中不可或缺的一环。一方面产品和企业要在市场上树立良好的口碑，形成品牌效应，就必须给每个客户一个完美的购买体验，让他们在和公司打交道的过程中感受到公司维系客户的诚意。只有这样，客户才能对公司产生好感，并在以后的接触过程中形成购买公司产品的习惯；另一方面，销售人员在客户形成消费习惯的过程中扮演着重要的作用，是客户和公司产生感情的纽带。如果销售人员不对客户进行积极的售后跟踪回访，客户也难以对产品形成消费习惯。众所周知，客户需要多次购买多次使用，才能对产品形成使用习惯。在这个过程的形成中，销售人员必须对客户进行持续的刺激，让客户对产品和公司都形成了一种心理上的认同。当客户面临多种产品的选择时，他能够将你销售的产品放在首位，甚至因为对产品的认可而对其他产品形成心理排斥。一些对产品产生深厚感情的客户还会向朋友推荐这种产品，甚至还会把这种消费习惯当成一种炫耀的资本。这时的客户已经成为产品的“粉丝”，就像歌迷一样，他们一旦成为这些明星的粉丝，就会形成一种稳定的消费习惯。这也是企业在市场销售过程中追求的终极目标，是企业形成市场品牌的必经之路。也就是说，一个企业一种产品要想在市场上形成巨大的品牌效应，必须要有一批稳定的客户作为支撑。只有拥有了这些稳定的“基本盘”，企业才能在市场的激烈竞争中占据优势地位。

作为销售人员，对客户的售后跟踪是保持自己销售业绩稳定的重要保障。销售人员在交易达成后，仍应保持一份冷静，不要得意忘形，谨防乐极生悲，要用诚挚的语言对顾客的合作表示感谢。如：“能跟您达成这笔交易，我感到万分高兴，谢谢您的支持。”但销售人员也应认识到，交易的达成是对购买双方都有利的事情，是一项互惠互利的交易，不必过分表示感谢。销售人员帮助顾客解决了问题，同时也获得了订单，是“双赢”的好事。在达成交易告别顾客后，销售人员应抓紧时间去落实买卖合同中的各项条款，应该认识到合同对销售人员的约束作用，销售人员在整个销售过程中自始至终都要坚持以顾客为中心，开辟与顾客之间的沟通渠道，并确保通道的畅通，保持与顾客的接触和联系，了解顾客对购买的满意状况，利用售后来解决顾客的不满，发展并维持与顾客的长期合作关系。

与顾客保持良好关系的作用表现在以下两个方面：一方面，通过与顾客保持联系，可以获取顾客各方面的反馈信息，作为企业正确决策的依据；另一方面，通过做好交易的售后处理工作，能使顾客感觉到销售人员及其所代表的企业为他们提供服务的诚意，便于提高销售人员及其企业的信誉。

另外，成交之后，经常访问顾客，了解产品的使用情况，提供售后服务，与之建立并保持良好的关系，可以使顾客连续地、更多地购买推销品，并且可以防止竞争者介入，抢走顾客。同时，老顾客还会把他的朋友介绍给销售人员，使其成为销售人员的新客户，使顾客队伍不断发展和壮大。作为销售员应该认识到，生意成败在很大程度上取决于人与人之间、公司与公司之间的关系。销售员应当发展、培养、维系这种关系，只有这样才能使生意兴隆。

其实，销售人员帮助客户处理产品使用问题实际上是在履行售前承诺，但很多客户却是怀着一种感激的心态来接受这种服务的。因为客户在购买产品之后自己是处于弱势地位了，他们觉得对你已经没有约束力了，尤其是目前市场服务体系整体还比较落后，各行各业甚至是各个销售人员的售后服务参差不齐，客户长期处在这种环境下，所以对售后服务并没有抱太大的要求，很多客户甚至根本没有太多的售后服务的意识，产品买回家之后，只能寄希望于买到质量好的产品，或者自己运气好碰到讲信誉的公司和销售人员。当销售人员对这些客户进行售后跟踪并提供好的售后服务时，客户就会有一种惊喜。在这种情况下，他们是最容易对卖方产生好感的。所以，销售人员就要充分利用售后工作，对客户做好售后服务，进行情感交流，这样才能赢得客户的认可，不仅能确保自己销售的产品在客户心中占据重要的有利位置，还能让销售人员本人在客户心中塑造好的印象，这样客户就会在需要产品时第一时间想到你。如果你不能做到这一点，那么你的客户开发就可能是一次性的客户群体，这样的销售人员永远都在做着高付出、低回报的陌生拜访式的客户开发，其销售业绩自然也是不稳定的。

从心理学来说，客户对销售人员的心里评价大部分来源于第一印象，而客户之所以购买产品，说明他们对销售人员的第一印象是良好的，这种印象一旦产生将形成比较稳定的心理。在销售人员对客户进行的售后拜访中，由于客户已经对销售人员和产品产生认可，此时的销售人员实际上是处在一种相对优势地位中，因为客户对销售人员的戒心不强。另外，客户潜意识里并没有太多地将销售人员的售后服务，当成是让他们二次甚至多次购买产品的前期准备工作。这样销售人员对客户开展的带有二次开发目的的售后跟踪也就更容易达到效果了。

销售人员对客户进行的后期交流是多种多样的，除了上门拜访，像打电话、发电子邮件等方式基本上都能达到效果。比起销售人员用陌生拜访的方式来开发客户，这种回访花费的时间和精力要少得多，也能收到更好的效果。成交后，跟踪工作可以加强销售人员和客户之间的联系，通过为客户提供服务了解客户的习惯、爱好和职业，从而有利于和客户建立比较紧密的个人情感联系，有利于客户重复购买或者推荐其朋友购买产品。所以，销售人员在产品成功售出之后，要对客户积极跟踪，这是销售人员积累客户资源的重要途径。只有建立了稳定的客户群体，拥有重复购买甚至多次购买需求的客户，销售者才能不断成长为一名销售精英。